Miu Degen

Wollüstige Cuckold-Storys

Erotische Geschichten

Blue Panther Books

blue panther books Taschenbuch
Band 2837
1. Auflage: Juni 2024
2. Auflage: January 2026

Vollständige Taschenbuchausgabe
Originalausgabe

Lektorat: Nicola Heubach

Cover:
© lightfieldstudios @ 123RF.com
© himerka @ 123RF.com
© ismagilov @ 123RF.com
Umschlaggestaltung: MT Design
Gesetzt in der Trajan Pro und Adobe Garamond Pro

Printed in Poland
ISBN 978-3-7561-5461-6
www.blue-panther-books.de

Hersteller: blue panther books oHG
Osterfeldstrasse 12-14 | 22529 Hamburg | Deutschland
E-Mail: info@blue-panther-books.de

INHALT

Mit dem Gutschein-Code

MD23TBBUEK

erhalten Sie auf **www.blue-panther-books.de** diese exklusive Zusatzgeschichte als E-Book in den Formaten PDF, E-PUB und Kindle. Registrieren Sie sich einfach online oder schicken Sie uns die beiliegende Postkarte ausgefüllt zurück!

Ich bin die geilere Bitch als seine Freundin

Die beiden Freundinnen Pia und Anna kennen sich seit ihrer Ausbildung zur Industriekauffrau. Sie waren sich auf Anhieb sehr sympathisch und unternahmen viel zusammen, obwohl Anna schon damals einen festen Freund hatte.

Wenn Pia und Anna allein sind, unterhalten sie sich über alles, da gibt es keinerlei Tabus. Dabei unterhalten sie sich nicht nur über Mode, Influencer, Social-Media-Plattformen, sondern auch über sehr private Themen, wie über Vorlieben bei der Unterwäsche oder das Sexleben von Anna und Pias Freund Felix. Aber auch das Familienleben wird nicht ausgespart, sodass Anna sehr viel über den Stiefbruder und den Vater von Pia erfährt. Die Gespräche sind gleichermaßen ernst und lustig.

Es ist auch normal, dass sie einfach so eine Kissenschlacht beginnen, wenn sie gerade bei Pia oder Anna auf dem Bett liegen und dann übereinander herfallen. Dabei wird gekichert, gelacht und natürlich viel geschrien, als wären sie noch Teenager. Wie selbstverständlich ziehen sie sich voreinander aus, bewundern den Körper der anderen oder beruhigen sie, wenn etwas daran zum Aussetzen ist und berühren sich sogar ganz natürlich am Po oder an den Brüsten. Selbstverständlich übernachten sie mal bei der einen oder anderen, wodurch Pias Freund Felix das Nachsehen hat und oft entsprechend gereizt reagiert.

Für Anna ist es immer eine Art von Genugtuung, wenn ihre Freundin sie dem Typen vorzieht. Dabei erzählt Pia dann immer, dass ihr Freund sehr eifersüchtig ist und regelrecht nachbohrt, was sie getan haben und wer noch alles da war.

Das wird noch extremer, wenn die beiden Frauen allein in ein Café oder einen Club gehen. Da berichtet Pia später, dass ihr Freund regelrecht austickt und alles ganz genau wissen will. Welcher Mann sie angeschaut, angesprochen oder sogar zum Tanzen aufgefordert hat. Und selbst wenn sie gemeinsam weggehen, macht Felix seine Freundin darauf aufmerksam, dass irgendein Kerl anscheinend ein Auge auf sie geworfen hat. Pia und Anna lachen dann meistens nur, aber hin und wieder nervt es Pia dann doch.

Bei ihren offenen Gesprächen kommen auch Sex, Verhütung, Stellungen und Masturbation vor. Sie schauen sich sogar gemeinsam Pornos bei Anna an und lachen darüber. Erst als Anna ihrer Freundin ihre Sextoy-Sammlung präsentiert, ist Pia vollkommen überrascht. Zwei Dildos, Fesseln, ein Strap-on und Liebeskugeln befinden sich in einer Schachtel unter Annas Bett, die Pia mit großen Augen anstarrt.

An diesem Abend verführt Anna ihre Freundin. Zuerst zeigt Anna ihr, wie sie sich mit einem Dildo befriedigt, und fordert Pia dann auf, es auch zu probieren. Pia sträubt sich zunächst, aber nach einigen Streicheleinheiten und gutem Zureden, machen sie es sich gleichzeitig. Im Anschluss küsst Anna die überraschte Pia, die den Kuss jedoch erwidert.

Ihre Vertrautheit nimmt weiter zu und ihre Unternehmungen werden häufiger. Damit Anna sich nicht immer wie das fünfte Rad am Wagen fühlt, wenn sie mit Pia und ihrem Freund Felix loszieht, bittet sie oft ihren Stiefbruder Sven, sie zu begleiten. So gehen sie meist zu viert in Clubs oder ins Kino. Die vier verstehen sich ganz gut, obwohl Anna das Gefühl hat, dass Felix auch auf Sven eifersüchtig ist. Aber es kommt nie zu einem Streit oder zu einem unangenehmen Moment.

Aber an dem Abend, an dem Anna und Pia gerade die 69er-Stellung ausprobieren – es hatte lange gedauert, bis Anna ihre Freundin davon überzeugen konnte, es sich gegenseitig mit dem Mund zu machen –, platzt Sven in Annas Zimmer.

Beide Frauen schrecken hoch, und Pia versinkt förmlich im

Boden. Sie jammert, als Sven ihr androht, es ihrem Freund zu sagen, da sie sich so gut kennen. Aber Anna winkt nur ab, krabbelt zu ihrem Bruder und öffnet seine Hose.

»Was wird das denn?«, keucht Sven.

Er ist genauso verblüfft wie Pia, die mit großen, erschrockenen Augen zuschaut, wie Anna sogar seinen Ständer herausholt.

»Ich sorge nur dafür, dass du uns nicht verrätst«, sagt Anna und grinst breit, während sie ihrem Stiefbruder tief in die Augen schaut und sein Glied genüsslich und langsam reibt.

»Anna, ich …«, stammelt Sven und scheint überwältigt zu sein, dass seine Stiefschwester ihm einen runterholt.

»Ach, jetzt tu doch nicht so scheinheilig! Ich habe deine Blicke gesehen, wenn du mich im Bad nur in meiner Unterwäsche erwischt hast. Gib es schon zu: Du hast dir das oft vorgestellt, nicht wahr?« Das lüsterne Grinsen in Annas Gesicht wird verführerisch.

Sven schweigt, aber sein Kopf läuft rot an. Ein deutliches Zeichen, dass Anna ins Schwarze getroffen hat.

»Du kannst doch deinem Stiefbruder keinen runterholen«, insistiert Pia, die sich das Kissen von Anna vor den Oberkörper presst, um nicht zu viel von ihrer nackten Haut zu zeigen.

»Stimmt, du hast recht«, antwortet Anna lachend, beugt sich vor, reißt ihren Mund auf und schnappt nach dem Ständer. Sofort umschließen ihre Lippen das Glied und gleiten an ihm auf und ab.

Sven stöhnt genüsslich und streichelt seiner Stiefschwester über den Kopf.

Pia hingegen schreit spitz auf, lacht und boxt ihre Freundin.

»Sag mal, spinnst du?«, schimpft sie.

Anna entlässt den harten Schwanz aus ihrem Mund und wichst ihn nur noch mit einer Hand.

»Was denn? Das tue ich doch nur für dich, damit er deinem Freund nichts verrät«, begründet sie den Blowjob.

Aber das Grinsen und das Feuer in ihren Augen zeigen Pia, dass noch mehr dahintersteckt. Ihre Augen wandern auf den noch größer gewordenen Schwanz, dessen Spitze feucht und rot leuchtet.

»Aber du hast recht«, sagt Anna nach wenigen Sekunden und in ihrer Stimme liegt so etwas wie Einsicht.

Doch plötzlich greift sie nach dem Kopf von Pia und zieht sie näher an sich heran.

»Das ist dein Job«, ruft Anna lachend und zieht sie jetzt mit beiden Händen zu ihrem Stiefbruder.

Vor Schreck lässt Pia schreiend das Kissen los und befindet sich kurz darauf auf allen vieren vor Sven und seinem Ständer, der in Richtung Decke zeigt.

»Nein, das …«, schreit sie noch halb lachend, da schiebt Anna ihr den harten Stab in den Mund.

Wie in einem Reflex schließt Pia ihren Mund und durch die pumpende Hand ihrer Freundin am Hinterkopf schiebt sich sein Penis langsam in ihren Rachen hinein. Anna grinst ihren Stiefbruder schief an.

»Du verrätst doch nichts, oder?«, hakt sie nach und erzeugt einen Mund, der an einen Clown erinnert – die Mundwinkel sind extrem weit nach oben gezogen.

»Bestimmt nicht«, antwortet er lachend und zufrieden, während sein Becken genüsslich vor- und zurückschwingt.

Mit einem schmatzenden Geräusch rutscht sein Ständer aus Pias Mund. Diese schaut Anna belustigt und verwirrt zugleich an.

»Das … das ist Erpressung«, stammelt diese mit Speichelfäden am Mund, die bis zu seinem Glied reichen.

»Nein, meine Süße, das ist geil. Wir haben nur unseren

Spaß miteinander.« Lächelnd küsst sie ihre Freundin.

Nach kurzem Zögern erwidert Pia diesen Kuss.

»Hey, was ist mit mir?«, möchte Sven wissen und stupst beide Köpfe vor ihm an.

Die beiden nackten Frauen, die sich so intim küssen, lassen seinen Schwanz vor Erregung zucken. Anna löst sich von Pia und greift nach dem Ständer. Sie zwinkert ihrer Freundin zu und küsst die Eichel. Gleichzeitig zieht sie das Gesicht von Pia näher, bis sie ihre Lippen auf der anderen Seite der Schwanzspitze auflegt und ebenfalls küsst. Sogleich züngeln beide darüber, lecken über die wohlgeformte Spitze und berühren sich gegenseitig. Abwechselnd wandert sein Glied in die beiden Münder, die schnell und heftig lutschen und die Vorhaut bewegen.

Sven lobt die zwei und atmet schwerer. Pia ist etwas unerfahrener und schaut sich bei Anna einiges ab. Gleichzeitig bekommt sie von Sven und Anna wertvolle Tipps, die sie sogleich ausprobiert. Und dieses Mal macht sie es leidenschaftlicher. Plötzlich erzittert der Stiefbruder, und bevor Pia reagieren kann, spritzt sein Sperma in ihren Mund. Sie zuckt zurück, keucht und würgt. Panisch blickt sie auf den Schwanz, der verschmiert vor ihr schwebt, aber schon ist Anna neben ihr, nimmt das Gesicht von Pia in die Hände und küsst sinnlich ihren Mund. Zunächst wirkt Pia wie versteinert, aber nach wenigen Sekunden der Leidenschaft lösen sich ihre Verkrampfungen und sie erwidert den Kuss. Zusammen fallen sie auf die Matratze. Anna liegt auf Pia. Sie küssen sich weiter, bis Sven mit seinem Ständer zwischen Annas Beine rutscht, mit seinem Ständer von hinten in Annas Muschi eindringt und sie mit schnellen, kurzen Stößen vögelt.

Die zwei Frauen schauen sich an, und Pia beginnt zu kichern. Nach einiger Zeit verdreht Anna die Augen, und als sie mit einem dumpfen Stöhnen kommt, lacht Pia voller Begeisterung und streichelt Annas Körper.

»Willst du ihn auch mal haben? Der ist unglaublich genial!«, flüstert Anna und Pia erschrickt.

»Ich habe einen Freund«, antwortet sie außer Atem.

Aber Anna zuckt nur mit den Schultern. »Hey, du leckst deine Arbeitskollegin, du bläst deren Stiefbruder den Schwanz und jetzt kommst du so?« Anna kichert und blickt nach hinten. »Steck ihn ihr rein. Zumindest kurz, damit sie selbst entscheiden kann, ob sie es will oder nicht.«

Mit großen Augen starrt Pia ihre Freundin an. Und als sich Svens Schwanz langsam und vorsichtig in ihre Muschi schiebt, stöhnt sie und verdreht die Augen. Mit sanften Stößen vögelt Sven sie für einige Sekunden.

»Wenn du es nicht willst, musst du es nur sagen«, raunt Anna geheimnisvoll und lächelt.

Pia hingegen liegt mit großen Augen unter ihr und schweigt. Zumindest für einige Sekunden, denn schon bald beginnt sie zu stöhnen und beim Orgasmus stößt sie wilde Schreie aus.

Von da an treiben sie es öfter miteinander. Zwar sagt Pia, dass Felix immer eifersüchtiger wird und sie kaum noch Ausreden findet, aber das hindert sie nicht daran, immer öfter zu kommen. Und das im zweifachen Sinne. Zuerst sind es ein bis zwei Besuche pro Woche. Aber es steigert sich, bis Pia täglich bei Anna und Sven vorbeischaut. Oft nur kurz, ohne es Felix überhaupt zu sagen. Aber es scheint eine Abhängigkeit, eine regelrechte Sucht bei Pia ausgebrochen zu sein, die sie nicht mehr bändigen kann.

***

An diesem Wochenende wollen alle grillen und treffen sich zu viert bei Anna und Sven, die beide noch zu Hause wohnen. Ihre Eltern sind nicht da. Sven fragt Pia, ob sie ihm helfen könnte, den Grill aus dem Keller zu holen und ihn zu reinigen, während Anna in der Küche das Grillgut vorbereitet. Das Angebot von Felix, dass auch er helfen könnte, schlagen beide aus.

Knappe zwanzig Minuten später sind Pia und Sven samt Grill wieder da, Pia mit etwas zerzausten Haaren. Anna ist klar, was die zwei im Keller getrieben haben.

Anna spricht mit Pia über die Beziehung zu Sven und Felix. Da wird Pia total unsicher. Mit Sven möchte sie den Sex genießen, aber nicht fest zusammen sein, und bei Felix ist es genau umgekehrt. Oft leidet sie darunter, holt sich bei Sven aber zum Ausgleich die Befriedigung.

***

Am Donnerstag klingelt es überraschend bei Anna und sie öffnet die Tür. Pia ist dort und erklärt ihr, dass sie Felix gesagt hat, sie müsse bei ihr ein paar Unterlagen aus der Berufsschule abholen, während ihr Freund draußen im Auto wartet.

Schnell verschwindet sie im Zimmer von Sven, aus dem kurze Zeit darauf wildes Stöhnen, Schreie und das schnelle Quietschen der Matratze zu hören sind.

Bevor Pia wieder verschwindet, drückt Anna ihr noch ein paar Blätter in die Hand, sonst könnte Felix doch noch misstrauisch werden. Dabei gesteht Pia ihr, dass ihr Freund in der Tat wilden Theorien nachrennt, die sie als Spinnerei abtut.

***

Am nächsten Tag treffen sie sich erneut zu viert bei Anna und Sven, deren Eltern mal wieder unterwegs sind. Pia und Felix betreten lachend das Wohnzimmer, während Anna Getränke und Gläser auf den kleinen Tisch im Wohnzimmer stellt.

Pia lässt sich schwungvoll auf die Couch fallen, sodass ihr knappes Sommerkleid wild herumwirbelt. Sie grinst ihren Freund breit und gut gelaunt an, der links neben ihr sitzt. Gerade will sie etwas sagen, da setzt sich Sven rechts von ihr hin und legt sogleich seinen Arm um sie. Seine Hand zieht sie an der Schulter dichter an sich heran.

»Hey Felix, du hast eine ganz tolle Freundin!«, sagt er und strahlt beide an.

Er zieht sie noch näher heran, sodass eine deutliche Lücke zwischen dem Paar entsteht. Felix sitzt nur da und nickt lächelnd.

»Vor allem ihre Nase finde ich total süß.« Sven legt seinen Zeigefinger auf den Nasenrücken und streicht über die Spitze hinweg nach unten, bis er die Oberlippe erreicht.

»Und die Lippen sind unglaublich. So voll und fest«, sagt er.

Sanft streicht er darüber und schiebt seinen Finger ganz langsam dazwischen. Pia nimmt den Finger in den Mund, wirkt dabei etwas verlegen.

Felix sitzt noch immer nur da und starrt ungläubig auf den Mund seiner Freundin, in dem sich der Finger von Sven vor- und zurückschiebt.

»Ich finde es total geil, wie sich ihre Lippen dagegendrücken«, sagt Sven amüsiert und schiebt den Finger noch tiefer hinein.

Deutlich sichtbar saugt und lutscht Anna daran, obwohl ihr noch unwohler wird. Verlegen blickt sie zu Sven. Zu Felix traut sie sich nicht hinzusehen. Der Finger gleitet feucht glänzend aus ihrem Mund und bewegt sich wie in Zeitlupe abwärts über ihre Unterlippe, Kinn, Hals bis auf Höhe des Brustbeins, knapp über dem Ende des Ausschnitts.

Felix sitzt nur daneben und guckt wie hypnotisiert zu, wie Sven mit dem Finger den Rand des Kleides auf Höhe der Brüste berührt und an der Naht abwärtsgleitet. Gleichzeitig rückt er mit seinem Gesicht ganz nah an ihre Haare und zieht die Luft tief ein.

»Sie riecht unglaublich gut …«, schwärmt er verträumt und

streichelt weiter mit dem Finger an ihrem Dekolleté entlang.

Sprachlos schaut Felix zu, wie Sven die langen, braunen Haare von Pia nach hinten schiebt und ihren Hals sanft küsst. Seine Zungenspitze leckt langsam über die Haut.

»... und sie schmeckt noch viel besser ...«, haucht er erregt und lächelt lüstern, wie ein Vampir, der kurz davorsteht, seine Zähne in die Schlagader zu rammen.

Der Mund von Felix öffnet sich leicht, seine Augen wechseln starr zwischen dem Mund am Hals und dem Finger im Ausschnitt seiner Freundin hin und her. Und während sich in diesem Augenblick der Finger tiefer unter das Kleid schiebt, weiten sich seine Augen, aber er gibt keinen Ton von sich.

»Sie fühlt sich unglaublich gut an, deine Freundin«, flüstert Sven lüstern.

Seine Lider verdecken die Hälfte seiner Pupillen und so wirkt er noch mehr der Welt entrückt, allerdings auf eine sehr erregte Art und Weise. Ganz anders Felix. Der sitzt mit offenem Mund da und starrt auf die Szenerie neben sich. Sven küsst erneut Pias Hals und schiebt seine Hand noch weiter in den Ausschnitt hinein. Nun umschließt er ihre gesamte rechte Brust. Die Bewegungen unter dem Stoff zeigen Felix, wie Sven seine Freundin mit einem lüsternen, dezenten, aber hämischen Grinsen auf den Lippen massiert. Pia verdreht die Augen. Es ist ihr anzusehen, dass sie mit sich kämpft. Mit der Scham, den Schuldgefühlen und der Peinlichkeit gegenüber ihrem Freund. Gleichzeitig gefällt es ihr, denn Felix weiß, was sie mag und anmacht.

Erst jetzt dreht Pia ihren Kopf und blickt zu ihrem Freund. Dieser sitzt wie ein Honk da und blickt sie entgeistert an. Aus dem rechten Mundwinkel läuft ein kleiner Faden Speichel.

Immer genüsslicher knetet Sven die Brust von Pia, die keinerlei Anstalten macht, etwas dagegen zu unternehmen. Warum auch? Es ist nicht das erste Mal, dass Sven sie so berührt. Aber was sie schockiert zur Kenntnis nimmt, ist die Lethargie ihres Freundes. Sie hätte einen Tobsuchtsanfall erwartet oder zumindest, dass er etwas sagt. Irgendetwas.

»Deinem Freund scheint es nicht zu stören, was wir hier machen«, flüstert Sven in Pias Ohr, was sie erschaudern lässt.

Seine Hand massiert und streichelt großflächiger. Pias linke Hand greift nach der von Felix, der nicht reagiert. Gleichzeitig liegt plötzlich ihre Rechte auf Svens Oberschenkel und streichelt dort sanft auf und ab.

Anna steht vor den dreien und grinst nur breit.

»Öffne mir die Hose, so wie gestern!«, sagt Sven etwas lauter, sodass Felix es auf jeden Fall hören muss.

Beide zucken zusammen. Pia vor Scham und Felix vor Schreck. Seine Atmung verstärkt sich, wird lauter und schneller. Während ihre Hand langsam höher wandert, scheint der Blick von Felix in die Ferne zu gehen. Gleichzeitig drückt sie dessen Hand und öffnet mit der anderen Svens Reißverschluss.

Ein leiser Ton dringt aus den leicht geöffneten Lippen von Felix, während das reißende Geräusch die Stille durchschneidet. Es scheint, als würde Pia auf eine Reaktion von Felix warten, dass er sie stoppt oder schreiend davonrennt. Aber er sitzt nur da und starrt seine Freundin an, die den Ständer von Sven aus seiner Hose holt und im gleichen Tempo reibt, wie die Hand ihre Brust knetet.

Felix blickt auf ihre Hand und stößt einen leisen Ton aus, der an ein inbrünstiges Seufzen erinnert. Ihre Hand drückt fester zu und reibt etwas schneller.

»Das machst du jedes Mal so gut«, haucht Sven.

Und aus der Kehle von Felix ertönt ein lauteres seufzendes Geräusch. Während die eine Hand weiter die Brust verwöhnt, gleitet die andere tiefer. Der Arm schiebt sich zwischen Rücken und Lehne nach unten, bis er ihre Hüfte packt und ihren Körper auf seinen Schoß zieht. Seine Hand gleitet aus ihrem Ausschnitt. Pia unterstützt Sven dabei, muss jedoch seinen Schwanz loslassen, bis sie auf seinen Schenkeln sitzt. Ihre Beine baumeln links und rechts seiner Knie herab. Den Rock hat er hinten hochgeschoben, sodass sie mit ihrem Slip auf ihm sitzt.

»Deine Freundin ist unglaublich artig.« Er grinst und betrachtet Felix ganz genau.

Jede Reaktion von ihm registriert er, auch das Sinken der Augenlider, als seine Hände den Körper von Pia entlangstreichen. Auf und ab. Die Fingerspitzen streicheln ihre Brüste, den Bauch und wandern die Beine abwärts, um am Ende des Kleides darunterzurutschen. Auf der Innenseite ihrer Schenkel streicheln sie zu ihrem Körper zurück. Pia zuckt kurz, als Svens Finger ihren Schritt erreichen und gefühlvoll darüberstreichen. Mit der Linken zieht er den Slip beiseite, um mit der Rechten die feuchte Grotte direkt zu verwöhnen. Pia zuckt erneut und ein sanftes Stöhnen dringt aus ihrer Kehle. Pia drückt Felix' Hand etwas fester und blickt ihn weiterhin an, aber sie sieht nur seine glasigen Augen, die sie anstarren.

Sven zieht sie dichter zu sich, spreizt dabei ihre Beine stärker und hebt ihren Körper an, sodass sein Schwanz unter ihr durchrutschen kann.

Noch immer starren sich Pia und ihr Freund an. Felix hechelt nun leise, regelmäßig zischt die Luft in seine Lungen, während Pia immer schwerer atmet.

Sven packt seinen Schwanz und schlägt damit unter ihrem Rock gegen ihre Muschi, bevor er die Spitze bei ihr ansetzt. Erneut erhebt sie sich ein Stück und lässt sein Glied unter einem leisen Stöhnen in sich hineinrutschen. Tief holt sie Luft, gleichzeitig erbebt ihr Körper. Svens Becken stößt sanft nach oben und sie antwortet mit langsamen Bewegungen. Vor und zurück gleitet sie auf seinen Schenkeln.

»Oh Felix, deine Freundin hat so eine geile Muschi. Und jedes Mal gefällt es meinem Schwanz darin besser. Sie ist so unglaublich eng.« Sven atmet schwer und die Stimme klingt heiser. »Es ist immer wieder ein Genuss, deine Freundin zu ficken. Aber genau genommen fickt sie mich gerade.«

Pia sitzt mit fast geschlossenen Augen auf ihm und bewegt sich gleichmäßig, als ob sie auf einem Kamel reiten würde. Ihre Hand hält noch immer die ihres Freundes fest. Sven zieht seine Hände unter ihrem Rock hervor und legt sie auf ihre Hüften. Damit steuert er die Bewegungen und Geschwindigkeit. Pia lässt sich von ihm führen.

»Felix, weißt du, dass Pia gestern bei uns war?« Seine Atmung geht noch relativ ruhig und wirkt entspannt.

Der Gefragte nickt ganz leicht, sein Blick weiterhin starr auf die zwei gerichtet. Dabei registriert er, wie die Hände von Sven zum Bauch und weiter nach oben gleiten. Pia bewegt sich in dem vorgegebenen Tempo und hält noch immer die Augen geschlossen. Ein genüssliches Lächeln liegt auf ihrem Gesicht.

»Zuerst war sie bei Anna, kam dann aber in mein Zimmer rüber.« Seine Hände erreichen die Brüste und massieren sie liebevoll. »Komm, Pia! Wiederhol doch mal deine Worte von gestern.« Sven grinst breit und kichert leise.

Pia ziert sich, bis Sven ihre Brüste etwas fester drückt.

»Ich … ich sagte, ich möchte seinen Schwanz«, presst sie mit geschlossenen Augen hervor.

»Nein, das waren nicht deine Worte. Zumindest nicht im genauen Wortlaut.« Lässig knetet Sven die Brüste weiter und bewegt unter Pia sein Becken auf und ab.

Erneut zögert sie, öffnet die Augen und blickt entschuldigend ihren Freund an. Sie hadert mit sich und der Welt.

»Komm schon! Trau dich! Sag deinem Freund, was du gestern wolltest!« Sven kichert leise. Seine Hände streicheln weiter hoch und erreichen die breiten Träger des Kleides.

»Ich … ich …«, beginnt sie zögerlich und senkt verlegen den Blick, hält aber noch immer seine Hand. »Ich sagte, dass ich seinen geilen, harten Schwanz ficken möchte.« Sie atmet tief durch, bewegt sich weiterhin gleichmäßig auf Sven.

»Hat sie so etwas schon mal zu dir gesagt?« Hämisch grinsend blickt Sven den Freund von Pia an.

Dieser schüttelt ganz leicht den Kopf.

»Wie ging es weiter?«, fordert Sven Pia auf, während seine Finger ganz langsam die Träger des Kleides nach außen schieben.

»Ich … ich habe ihm die Hose ausgezogen und seinen … seinen Schwanz in den Mund genommen«, flüstert Pia schuldbewusst und blickt noch weiter nach unten.

»Bläst sie dir auch regelmäßig deinen Schwanz?«, fragt Sven.

Felix schüttelt den Kopf. Sein Blick ist glasig.

»Da verpasst du etwas.« Sven lacht und schiebt ganz langsam die Träger über die Schultern nach unten. »Vor allem schluckt sie alles und macht meinen Schwanz im Anschluss schön sauber. Sie leckt alles ab und sorgt dafür, dass er nicht klein wird.« Plötzlich verzieht Sven das Gesicht. »Ach ja, entschuldige bitte. Pia sagte mir, dass du immer nur einmal kannst. Stimmt das?«

Felix nickt ruckartig. Sein Zustand scheint sich zu verändern. Schweißperlen bilden sich auf seiner Stirn und er atmet schneller.

»Sie schnappte immer wieder gierig nach meinem Schwanz, lutschte ihn genüsslich und mir schien, sie könnte nicht genug davon bekommen«, schwärmt Sven, »aber irgendwann stand sie auf und stellte sich vor das Bett und zog sich vor mir aus.

Ganz langsam und nur für mich. Das war unglaublich toll. Ich konnte ihren herrlichen Körper bewundern.« Nun klingt Svens Stimme erregter. Sein Becken stößt schneller und stärker nach oben.

Pia stöhnt leise.

»Sie kam zu mir ins Bett zurück und legte sich neben mich auf den Rücken. Ihre Beine waren weit gespreizt. Sie sagte nur: Leck meine Fotze! Und ich leckte sie, bis sie kam.« Er kichert.

Und ganz plötzlich beginnt Pia, auf ihm unkontrollierter zu zucken. Sie stöhnt lauter und presst die Zähne zusammen.

Sven hat die Träger nun bis ganz unten geschoben. Pia muss die Hand von Felix loslassen, damit der Stoff auch über die Hände gleiten kann. Das Oberteil rutscht herab und entblößt ihre Brüste, die sogleich unter seinen massierenden Händen verschwinden. Pia stöhnt noch lauter, ihr Körper beginnt, sich anzuspannen, und die Bewegungen werden ruckartiger.

»Ja! Ja!«, feuert Sven sie an und blickt sogleich zu ihrem Freund. »Schau genau zu! Schau, wie deine Freundin auf mir kommt!«

Genau in diesem Moment röhrt Pia etwas Undeutliches. Ihr Körper zuckt mehrmals hart auf seinen Schenkeln, bis sie nach wenigen Augenblicken wieder zur Ruhe kommt.

»Wow, normalerweise kommt sie heftiger und schreit bei mir. Ich denke, sie ist nur deinetwegen gehemmt.« Sven grinst Felix an, der weiterhin mit großen Augen dasitzt und zusieht, wie seine Freundin gevögelt wird.

»Warum?«, fragt Pia und dreht den Kopf nach hinten.

Aber Sven ignoriert das einfach.

»Gestern, nachdem ich sie geleckt habe, forderte sie mich auf, meinen Schwanz in sie reinzustecken, und ich tat es. Sie schrie unter jedem meiner Stöße, während ich ihr meinen Schwanz kurz und hart reinrammte.«

»Warum tust du ihm das an?«, fragt Pia.

Sven beginnt zu lachen. »Ja, merkst du es nicht?«

Pia dreht ihren Kopf nach hinten und blickt Sven aus den Augenwinkeln an, der weiterhin sein Becken nach oben stößt.

»Was?«, fragt sie voller Unverständnis.

»Das gefällt deinem Freund! Er ist total geil!« Er kichert.

Pia blickt ungläubig zwischen Felix und Sven hin und her.

»Na, er hat einen Ständer!«, sagt Sven.

Erst jetzt blickt Pia auf die Hose ihres Freundes. Ungläubig starrt sie auf die Beule, die sich darauf zeigt.

»Felix?«, kommt ihre zaghafte Frage.

»Fass ihn an, dann wirst du es merken!«, keucht Sven und rammt sein Becken hart nach oben, sodass Pia leicht hüpft. Sie neigt sich zur Seite und ihre Hand landet auf der Beule.

»Felix!«, ruft sie überrascht und kann es nicht glauben. Ihre Hand ertastet die Konturen seines Ständers.

»Glaubst du es mir jetzt?« Sven kichert und bewegt sich schneller unter ihr. Nun ist ihm die Anstrengung anzumerken.

»Ich denke, bis eben war es ihm gar nicht bewusst«, ergänzt er und knetet ihre Brüste fester.

Pia atmet tief durch, stöhnt und lässt ihr Becken schneller vor- und zurückfliegen.

»Immer wenn er für dich der Eifersüchtige war, sah er in seiner Fantasie, wie du mit einem anderen vögelst. Und das machte ihn geil.«

»Oh ja! Oh ja!«, presst Pia plötzlich hervor.

Ihre Hand reibt über die Hose von Felix, während ihr Becken immer heftiger hin und her schnellt. Und dann spannt sich ihr Körper an. Ihre Bewegungen werden langsamer, aber intensiver und sie hält die Luft an.

»Schau genau zu, Felix!«, zischt Sven.

Keine Sekunde zu spät, denn schon geht ein heftiger Ruck durch Pias Körper und sie schreit ihre Lust heraus. Mehrmals zuckt sie und stöhnt, dabei blickt sie ihren Freund an, der ebenfalls kurz zuckt und ein dumpfes Geräusch aus seiner Kehle drückt. Noch während Pia zittert, beginnt sie zu lachen.

»Er ... er ist auch gekommen!«, ruft sie begeistert aus und reibt etwas fester über seine Hose, auf der sich ein dunkler Fleck bildet.

»Ja! Sehr gut! Ich auch! Ich komme auch!«, ruft Sven und stöhnt, während sein Becken noch einmal hart nach oben stößt.

Tief atmen sie alle durch. Pia beginnt, auf Sven zu kreisen, während sie ihren Freund betrachtet. Sein Blick ist nun wieder klar. Er wirkt auf der einen Seite zufrieden, auf der anderen peinlich berührt.

Da schaltet sich Anna wieder ein, nachdem sie bisher nur tatenlos zugesehen hat: »Ja, wir hatten schon recht früh den Verdacht, dass dein Freund ein waschechter Cuckold ist, also einer, den es anmacht, wenn seine Frau verführt oder sogar gefickt wird.« Sie kichert und kniet sich vor Pia nieder.

Ihre Hände ergreifen den Rock, der das Entscheidende bisher verdeckt hat, und hebt ihn an. Sanft kreist das Becken vor ihr, in der Spalte steckt ein verschmierter, feucht glänzender Ständer. Anna schaut zu, wie er sich darin bewegt und stellt sich vor, wie es sich anfühlt, wenn die Spitze so kreisend die empfindlichen Stellen im Inneren entlangstreicht. Am Rand hängt der zur Seite geschobene pinkfarbene Slip. Ihr wird es augenblicklich heiß.

»Komm her, Felix, das musst du unbedingt sehen!«, raunt sie und winkt Pias Freund zu sich.

Etwas benommen steht er auf und kniet sich neben Anna,

um ebenfalls zwischen die Beine seiner Freundin zu blicken. Er stöhnt, sobald er es sieht.

»Ja, das gefällt dir, was?« Anna kichert.

Felix gibt ein grunzendes Geräusch von sich und starrt wieder mit wirrem Blick auf den Schwanz, der sich regelmäßig in die Ritze seiner Freundin schiebt.

»Pia sagte mir, du leckst sie nie. Komm, ich zeige dir, wie das geht.« Anna beugt sich grinsend vor, drückt die Beine von Pia weiter auseinander und lehnt ihre Wange gegen den rechten Oberschenkel, sodass Felix ihren Mund und die Muschi deutlich sehen kann. Die Zunge kreist zunächst auf dem Kitzler. Der Unterleib von Pia beginnt zu zucken und sie stöhnt lauter. Ihre Bewegungen werden schneller, und als Anna ihre Zunge tiefer gleiten lässt und die Schamlippen verwöhnt, stöhnt Pia lang und gedehnt. Die Zunge fährt wieder hoch bis zum Kitzler. Dort zuckt der Körper noch heftiger und Pia schreit auf.

»Oh nein, bitte, das … das ist … ist zu viel«, presst sie mühsam hervor.

Ihre Hände legen sich auf Annas Kopf und versuchen, ihn wegzudrücken. Aber schon packen Svens Hände Pias Handgelenke und ziehen sie, samt dem Oberkörper, nach hinten. Sie lehnt nun wie gefesselt auf Svens Oberkörper und schreit immer lauter. Ihr Unterleib zuckt wie verrückt und sie kann sich kaum noch beherrschen.

»Nein! Nein! Bitte! Das … das … ist zu … zu viel!«, brüllt sie.

Ihr Körper zuckt mehrmals heftig auf dem von Sven. Er hält ihren Körper fest gepackt, sodass sie nicht wegkommt. Gleichzeitig fixieren Annas Hände ihre Schenkel. So machen die zwei Pia zum hilflosen Sexopfer, das einen unbeschreiblichen Orgasmus geschenkt bekommt. Obwohl er nach einigen Sekunden abklingt, zuckt ihr Becken immer wieder hart nach vorn.

Anna löst sich lächelnd von ihr und blickt in glasige Augen, die der Welt entrückt zu sein scheinen. Eine Art Summen dringt aus Pias Mund, vermischt mit einem gequälten Stöhnen.

Noch immer bewegt sich der Schwanz schmatzend in ihrem Unterleib, während Anna sich zu Felix umdreht, der ein Glimmen in den Augen zeigt.

»Hast du gesehen? Jetzt bist du dran.« Sie packt grinsend seinen Kopf und drückt ihn zwischen die Beine seiner Freundin.

Diese zuckt bei der Berührung und atmet wieder schwer.

»Leckt er dich gut?«, will Anna wissen.

»Du warst besser«, antwortet Pia gequält und schiebt ein Lächeln hinterher. Schweiß lässt ihr Gesicht glänzend erscheinen.

»Hey, streng dich mal etwas mehr an!« Anna gibt Felix einen Klaps auf den Hintern und lacht.

Der Kopf von Felix bewegt sich sofort stärker auf und ab, und Pia gibt ein zufriedenes Seufzen von sich. Anna blickt seitlich am Kopf von Felix vorbei und sieht, wie seine Zunge nicht nur über die Muschi, sondern auch über Svens Schwanz leckt.

Sie kichert und blickt zu ihrem Stiefbruder. »Hey Sven, gefällt dir das, wie er deinen Schwanz ableckt?«

»Oh ja, das ist voll geil!«, presst Sven heraus und rammt sein Becken gleichmäßig hart nach oben.

»Was?« Pia schaut vor Schreck nach unten, blickt in die leuchtenden Augen ihres Freundes und sieht seine Zunge breit nach oben lecken.

Anna zerrt den Kopf von Felix an den Haaren zurück. »Wenn du so gern Schwänze leckst, dann …« Sie ergreift mit der anderen Hand den Stab ihres Stiefbruders und zieht ihn aus Pia heraus. Der ist so dick, dass ihre Finger nicht ganz um ihn herumreichen. Anna kann nicht anders, sie muss ihn ein paar Mal wichsen, bevor sie den Kopf von Felix herabdrückt. »… kannst du auch an ihm lutschen.«

Felix stemmt sich dagegen und verzieht angewidert das Gesicht.

»Jetzt hab dich nicht so! Deine Freundin hat ihm in den letzten Tagen oft einen geblasen und wahrscheinlich hast du sie im Anschluss noch geküsst. Also stell dich nicht so an und lutsch daran! Was Pia kann, kannst du doch schon lange, oder?« Anna lacht auf und spürt mit einer unglaublichen Freude, wie der Widerstand sich auflöst.

Langsam gleitet das Glied in den Mund. Die Lippen schließen sich und Anna drückt den Kopf mehrmals nach unten. Laut schmatzend gleitet er tief hinein.

»Uuuuh, das ist geil!«, ruft Sven erfreut.

»Bläst er besser als seine Freundin?«, will Anna wissen.

Ihre Hand löst sich vom Kopf, der weiterhin auf- und abschwingt.

»Nicht so ganz. Aber seine Zunge leckt unglaublich geil an meiner Eichel herum. Das ist echt klasse!« Sven grinst lüstern.

Ungläubig starrt Pia auf ihren Freund, der einen fremden Schwanz bläst. Anna löst ihre Hand von dem Stab, greift zwischen Felix' Beine und stößt einen kleinen Jubelschrei aus.

»Hey Pia, dein Freund hat schon wieder einen Ständer.« Sie kichert und reibt an seiner Hose.

»Echt?« Der Unglaube bei Pia wird noch größer, während ihr Becken suchend vor- und zurückruckt. Ihr fehlt der Schwanz.

»Ja klar.« Anna strahlt Pia amüsiert an und öffnet Felix' Hose.

Dieser bläst den Schwanz von Sven weiter, bis Anna ihn an den Haaren wegzieht.

»Zieh mal ihren Slip aus, der stört doch nur«, sagt Anna.

Sie beobachtet, wie Felix ohne Widerworte alles macht, was sie ihm sagt. Er greift an den pinkfarbenen Tanga und zieht ihn seiner Freundin aus. Diese hebt artig die Beine, damit ihm das leicht gelingt.

»Und jetzt steckst du den Schwanz von Sven in die Fotze deiner Freundin!«, zischt sie in sein Ohr.

Felix atmet schwer, sein Ständer ragt ihm aus der Hose und sein Mund ist komplett verschmiert. Er nickt nur kurz und packt den prallen Ständer von Sven, setzt ihn an der Ritze seiner Freundin an und schaut zu, wie er in sie hineingleitet. Pia stöhnt lüstern und zufrieden. Sofort beginnen beide mit schnellen, gierigen Stößen. Anna richtet sich auf und nähert sich Pias Gesicht.

»Ist das geil, einen soeben geblasenen Schwanz in der Möse zu spüren?«, fragt sie mit lüsternem Gesichtsausdruck.

Pia stöhnt und nickt nur.

»Was hältst du von zwei Schwänzen gleichzeitig?«

»Was?«, haucht Pia und reißt die Augen auf.

»Felix, steh auf!«

Anna zieht ihn an den Haaren hoch und lässt ihn mit einem Bein auf der Couch Aufstellung nehmen. Sein Ständer schwebt über Pias Bauch. Dann zieht Anna Pias Kopf näher. Mit geöffnetem Mund schnappt Pia nach dem Schwanz. Nun wird sie gevögelt und gleichzeitig bläst sie ihrem Freund einen. Anna lacht lüstern bei diesem Anblick und zieht sich aus.

Kurze Zeit später verzieht Pia ihr Gesicht, stöhnt lauter und zuckt unkontrollierter. Unglaublich schnell kommt es ihr. Sie schreit mit dem Schwanz im Mund gedämpft auf, ihr Körper ruckt und sie verdreht die Augen. Das Gesicht wirkt schmerzverzerrt. Kurz darauf stöhnt auch Sven, rammt sein Becken vor und spritzt alles in den Mund seiner Freundin. Kaum hat sie ihn abgelutscht, setzt er sich erschöpft neben die beiden auf die Couch.

»Ich bin fertig! Ich kann nicht mehr!«, jammert Pia, die noch immer von Sven gevögelt wird.

Er stoppt lachend und gibt sie frei. Sie kuschelt sich an

Felix, der sie in den Arm nimmt und ihre Brüste streichelt.

Anna ist nun komplett nackt. »Jetzt bin ich dran!«, ruft sie und setzt sich auf ihren Stiefbruder, der sie lächelnd empfängt.

Sein Schwanz gleitet tief in sie hinein und ihr Becken rammt unglaublich schnell und hart nach vorn. Sie fickt ihn auf der Couch. Beide stöhnen und genießen es.

Pia und Felix schauen den beiden verträumt zu. Seine Hand liegt auf der noch immer nackten Brust und streichelt sanft über die Warze, die sich nun wieder aufstellt. Ihre Hand liegt ruhig auf seinem schlaffen Wurm.

»Würdest du gern noch mal von ihm gefickt werden?«, flüstert er in ihr Ohr.

Sie schüttelt lächelnd den Kopf. »Nein, für heute bin ich fertig«, haucht sie glücklich und zufrieden.

»Willst du morgen wieder mit ihm ficken?«

Pia glaubt ein sanftes Zucken in seinem Glied zu spüren. Sie dreht sich zu ihm und blickt in seine Augen, in denen sie ein leichtes Flackern wahrnimmt.

Sie lächelt. »Das würde ich gern machen.«

Neben ihnen stöhnt Anna sinnlich und das Schmatzen wird lauter.

»Darf ich zusehen?«, fragt Felix verlegen.

Pias Lächeln wird zu einem Grinsen. »Ja, klar.« Sein Schwanz unter ihrer Hand zuckt erneut und schwillt tatsächlich etwas an.

»Oh Scheiße, ist das geil!«, ruft in diesem Augenblick Anna und rammt ihr Becken noch heftiger nach unten. Ihre Haare fliegen wild herum.

»Stört es dich, wenn Sven mit Anna vögelt?«, hakt Felix neugierig nach und löst bei Pia ein Kichern aus.

»Nein, überhaupt nicht. Ich will von Sven nur seinen Schwanz. Sonst nichts.« Sie lächelt ihren Freund liebevoll an und blickt ihm tief in die Augen. »Du bist mir da viel lieber«, haucht sie und küsst ihren Freund zärtlich auf den Mund.

Anna beschleunigt noch mehr, stöhnt lauter und ruft Svens Namen, bis sie auf ihm zu explodieren scheint. Sie schreit ihre Lust heraus, lässt ihren Kopf vor und zurück sausen und sitzt am Ende nur noch zitternd auf ihm. In diesem Augenblick rammt Sven vor Lust jubelnd sein Becken final nach oben und spritzt in ihr ab.

Wenige Sekunden später beruhigen sich die Körper und beide atmen schwer durch. Anna lächelt zufrieden und gibt ihrem Stiefbruder einen Kuss. Auch Pia und Felix knutschen neben ihnen.

Eine knappe halbe Stunde später sind alle wieder angezogen, sitzen gemeinsam am Esstisch und trinken einen guten Rotwein. Pia hat auf dem Schoß von Felix platzgenommen, der sie festhält.

»Seit wann habt ihr es gewusst?«, möchte Pia wissen und blickt zwischen Sven und Anna hin und her.

»Ich wurde stutzig, als du mir einige Details von Felix erzählt hast, nachdem du hier warst. Zuerst dachte ich, es wäre Eifersucht, aber einige Punkte kamen mir komisch vor. Und wie gesagt, ich kenne einige Männer, die es geil finden, wenn ihre Frauen vernascht werden.« Anna kichert und streichelt ihrem Stiefbruder über den Kopf.

»Und, wie nanntest du ihn vorhin? Also den Namen für das, was er ist?«, fragt Pia vorsichtig und küsst Felix auf den Mund.

»Och, das ist einfach. Er ist ein Cuckold!«

Der wollüstiger Nachbar gibt den Ton an

Ralf drückt den Knopf am Aufzug und wartet, bis die Geräusche näherkommen und sich die Tür öffnet. In diesem

Augenblick stellt sich eine junge Frau neben ihn. Er schätzt sie auf Mitte zwanzig, gut einen Kopf kleiner als er, schlank, leicht geschminkt, die braunen Haare sind zu einem Pferdeschwanz gebunden. Sie trägt einen knieumspielenden Jeansrock und eine hellblaue Bluse. Attraktiv, findet Ralf und wird vom Aufschwingen der Fahrstuhltür abgelenkt.

»Bitte schön.« Er gibt der jungen Dame den Vortritt in den Fahrstuhl und bemerkt, dass sie auf die drei drückt.

»Danke«, antwortet die Frau ruhig und ohne ihn zu beachten.

Zumindest scheint es so. In Ralf kommt Freude auf, denn auch er muss in den dritten Stock. Die Tür schließt sich und beide schweigen, bis der Aufzug nach wenigen Sekunden hält.

Ralf hebt die Hand, um »dem Pferdeschwanz«, wie er sie insgeheim nennt, den Vortritt zu lassen. Wieder bedankt sie sich und blickt ihn mit einem unsicheren Lächeln an. Vorsichtig tritt sie heraus und betrachtet ihn nochmals mit einem gewissen Argwohn. Wahrscheinlich hat sie Angst, er könne über sie herfallen.

»Ich wohne hier«, erklärt Ralf, während er gleichzeitig den Wohnungsschlüssel zückt und auf die Rechte der drei Türen zeigt.

Ihr scheint ein Stein vom Herzen zu fallen, denn sie fasst sich an die Brust, atmet erleichtert durch und lächelt jetzt sogar.

»Ach so. Ja … gut … also …«, stammelt sie etwas verlegen.

Ralf geht zu der Tür und will gerade den Schlüssel hineinschieben, da dreht er sich wieder zum Pferdeschwanz um. Sie steht noch immer wie angewurzelt da.

»Wohnst du auch hier oder fällst du gleich über mich her?«, fragt er lachend und zwinkert ihr zu.

Die junge Frau prustet los und scheint endlich ihre Erstarrung zu lösen. Das Geräusch hallt in dem kleinen Flur und beide zucken etwas zusammen.

»Oh. Entschuldigung.« Sie lächelt und zeigt auf die linke Tür. »Wir wohnen da. Und du bist gestern hier eingezogen? Wir haben die Kartons gesehen, die hier rumstanden.« Jetzt wirkt sie noch freundlicher.

»Ja, ein paar Kumpels von mir haben geholfen und jetzt wohne ich hier. Seit wann wohnt ihr hier? Ich meine, ist es ruhig, oder muss man sich vor manchen Nachbarn in Acht nehmen?« Die letzten Worte flüstert er verschwörerisch und blickt sich mit großen Augen um, als wäre das Ganze ein großes Geheimnis.

Die junge Frau lacht. Das gefällt Ralf. Er findet sie sympathisch. Nein, eigentlich richtig sexy, wenn er sie so in ihrem Outfit betrachtet. Was sie wohl unter dem Jeansrock trägt? Sogleich reißt er sich zusammen. Gut, seine Ex hat ihm vorgeworfen, jedem Rock hinterherzuschauen, was er auch oft genug gemacht hat, aber eigentlich hat er sich nach ihrer Trennung geschworen, sich mehr zurückzuhalten.

»Nein, hier ist alles ganz okay. Wenn du willst, kannst du heute Abend bei uns vorbeikommen. Mein Freund ist gegen halb sechs da. Dann könnten wir uns kennenlernen, ich meine, wenn wir schon Nachbarn sind.«

Ralf bemerkt die leichte Unsicherheit bei ihren letzten Worten. Als wenn sie sich für die Einladung schämen oder entschuldigen möchte. Vielleicht wurde ihr klar, wie es wirken könnte, wenn eine junge Frau einfach so einen anderen Mann zu sich einlädt, auch wenn ihr Freund dabei ist. Er muss lächeln und nickt.

»Ich komme gern.« In seine Worte legt er seinen kompletten Charme und blickt die junge Dame so eindringlich an, dass sie nach kurzer Zeit verlegen wegschaut.

»Gut, dann mache ich eine Kleinigkeit zum Essen, ja?« Nun liegt ihr Blick mit einer gewissen Intensität wieder bei ihm.

Und in dem Moment des Schweigens schmachten sie sich ein klein bisschen an. Das gefällt Ralf. Er löst sich aus der Verbindung und dreht seinen Körper herum, um den Schlüssel ins Schloss seiner Tür zu schieben.

»Bis nachher dann.« Seine Stimme klingt fast schon gelangweilt. Er möchte ihr nicht zu viel Freude zeigen.

»Bis nachher.«

***

Ralf klingelt erst kurz vor sechs und legt ein breites Grinsen auf, als die Nachbarin öffnet.

»Oh, hi«, sagt sie und gibt den Weg in die Wohnung frei.

Er zieht seine Schuhe aus, und kaum betritt er den Wohn-Essraum, kommt ihm schon ein junger Mann mit Jeans und weißem Hemd entgegen.

»Hallo, ich bin Robert. Du kannst mich Rob nennen«, sagt dieser etwas aufgeregt.

Sie stellen sich weiter vor. Ralf erfährt, dass die Freundin von Rob Ina heißt, zweiundzwanzig Jahre alt ist und als Krankenschwester arbeitet. Rob hingegen ist bei einer Bank beschäftigt, in der Kreditorenabteilung, wie er ganz stolz betont.

Ralf erzählt, dass er mit seinen sechsundzwanzig Jahren nach seinem Informatikstudium nun in einem Systemhaus als Security-Spezialist arbeitet.

Ina bestaunt ihn, und Ralf bemerkt, wie ihre Augen immer wieder an ihm kleben bleiben. Während sich ihre Blicke treffen, erkennt er darin etwas, was sein Herz höherschlagen lässt. Er kennt seine Wirkung auf Frauen. Bei manchen mehr, bei manchen weniger, und bei Ina ist Ersteres der Fall. Er spürt aber auch ihre Zurückhaltung. Immerhin sitzt sie neben ihrem Freund am Esstisch, während sie ihren neuen Nachbarn kennenlernt.

Während die drei sich über die Berufe, Hobbys und das allgemeine Weltgeschehen unterhalten, schaut sich Ralf etwas in der Wohnung um. Er kann keine wirkliche Linie und keinen Geschmack erkennen. Keine Bilder an der Wand, kaum Deko, nur eine Blume, die sie wahrscheinlich mal geschenkt bekommen haben.

Gerade sind sie beim Thema Urlaub, da bemerkt Ralf die ersten Spannungen zwischen den beiden.

»Tja, also, wir wissen noch nicht genau, wo wir dieses Jahr hinwollen«, sagt gerade Rob und schaut vorwurfsvoll zu Ina.

»Ich wüsste es schon, aber das gefällt dir wieder nicht.«

Ralf spürt einen leichten Vorwurf in ihrer Stimme. Anscheinend gab es dazu schon einige Diskussionen.

»Wo möchtest du denn hin?«, nimmt Ralf den Faden auf.

Er schenkt der jungen Frau absichtlich seine komplette Aufmerksamkeit und lässt Rob einfach links liegen.

»Ich würde gern nach Malle fliegen, aber Rob findet das doof«, sagt sie mit leicht kindischem Tonfall.

»Warum denn? Malle ist doch schön«, meint Ralf.

»Ja, das finde ich auch!«, ruft diese und boxt Rob in die Seite.

Sie scheint Oberwasser zu haben und nutzt die Anwesenheit von Ralf aus.

»Ich gehe lieber wandern und genieße die Natur«, sagt Rob.

»Das geht auf Malle auch«, wirft Ralf ein und hebt die Hände, als ob nun alle Probleme gelöst wären.

»Ja, aber … da sind Spanier und wir kennen uns dort nicht aus. Es könnte zu gefährlich sein. So wie ich gehört habe, fahren die wie die Wilden mit den Autos und sind eine Gefahr für sich und andere.« Rob versucht es mit fester Stimme vorzutragen, weiß aber, wie dünn seine Argumentation ist.

Ralf spürt deutlich seine Unsicherheit. »Also, wenn das so wäre, gäbe es wohl jeden Tag Hunderte von Toten auf der Insel und innerhalb kürzester Zeit gäbe es keine Einwohner mehr. Oder das Auswärtige Amt würde eine Reisewarnung für die

Insel aussprechen.« Ralf lacht.

Ina lacht sofort schallend mit, aber Rob lächelt nur verlegen. Da ihm anscheinend kein Argument mehr einfällt oder er bemerkt, wie schwach seine Aussage zuvor war, schweigt er nur.

Ralf legt noch eins drauf. »Hey, du solltest mal etwas lockerer werden. Malle ist klasse. Da kann man richtig viel Spaß haben!«

Seine Augen leuchten Ina an.

»Hörst du? Da könnten wir Spaß haben«, wiederholt Ina und boxt ihren Freund.

»Ja, ja, Spaß«, antwortet er genervt und blickt Ina grantig an.

Ralf hebt beruhigend die Hände. »Ganz ruhig. Ich möchte nicht, dass ihr euch streitet!«

Aber ihm ist nun klar geworden, dass beide unsicher sind. Keiner möchte bestimmen, keiner möchte Verantwortung übernehmen und jeder erwartet vom anderen, dass er die Initiative ergreift. Das hat er in den bisherigen Gesprächen genauso gespürt wie auch in der Einrichtung. Keiner traut sich, seine Akzente zu setzen. Entweder, weil beide schüchtern sind, oder weil sie den anderen nicht bevormunden, vielleicht sogar verletzen möchten. Solche Menschen kennt er zur Genüge, aber es ist selten, dass zwei davon Partner sind. Die kommen nie zum Punkt.

»Oh Mann, ihr zwei seid ja welche …« Er lacht, blickt jedoch nur Ina an. »Wie habt ihr es geschafft zusammenzuziehen?«

Ina zuckt nur mit den Schultern. »Meine Schwester hat vorher hier drin gewohnt. Als sie schwanger wurde, suchte sie mit ihrem Mann eine größere Wohnung und sie fragte uns, ob wir nicht hier einziehen wollten. Nun ja …« Sie zuckt erneut mit den Schultern »… wir hatten nichts dagegen.«

Ralf lacht auf. Das passt ins Bild. Die zwei müssen zu ihrem Glück gezwungen werden. Niemals kommt einer von ihnen allein auf die Idee, die Initiative zu ergreifen. Falls die beiden mal heiraten, dann nur, weil jemand sie dazu drängt. Ganz plötzlich erwacht sein Jagdinstinkt, den er kaum noch zurückhalten kann.

»Also, ich bin dafür, etwas Spaß zu haben. Habt ihr Musik?«

Ina und Rob schauen ihn stirnrunzelnd an.

»Na, was ist? Lasst uns tanzen!« Er lacht und strahlt Ina an.

Diese beginnt, ebenfalls Freude zu zeigen, ganz im Gegensatz zu ihrem Freund.

»Tanzen? Hier?« Robs Augen wandern durch den Raum.

Ralf steht auf und schiebt den Esstisch etwas nach hinten. »So, das reicht doch.« Er zeigt auf die paar Quadratmeter vor der Couch und dem Fernseher. »Habt ihr Musik?«

Ina stupst ihren Freund an. »Du hast doch deinen Laptop und den Bluetooth-Lautsprecher, mit dem du immer Musik hörst.«

Rob steht zähneknirschend auf und holt das Equipment.

Wenige Minuten später erschallt fetzige Musik im Raum. Zunächst läuft »Can't Stop the Feeling« von Justin Timberlake. Ralf ergreift die Hand von Ina und zieht sie auf die Tanzfläche. Sofort beginnen beide, ihre Körper im Takt der Musik zu bewegen. Die Musik verbreitet unter ihnen sofort gute Laune.

Ina gefällt es, Ralf lacht sie an, aber Rob sitzt wie das dritte Rad am Wagen an dem zur Seite geschobenen Esstisch. Dabei schaut er den beiden mit einem schlecht zu deutenden Blick zu.

Ina fordert ihn zwar ein paar Mal auf, stoppt die Versuche jedoch, nachdem sich Rob nicht aufraffen kann, und tanzt weiter mit Ralf. Dabei kommen sie sich näher, ihre Blicke treffen sich immer öfter und länger und Ralf spürt, wie Ina sich mehr und mehr zu ihm hingezogen fühlt. Seine Hände ergreifen ihre und er dreht sie im Wohnzimmer zur Musik. Sie lachen und haben ihren Spaß.

Rob verschwindet nun vollends im Hintergrund, wobei Ralf hin und wieder einen Kontrollblick zu ihm wirft, um zu sehen, wie er reagiert, insbesondere auf seine zunächst dezenten Annäherungsversuche mit Ina. Mal berühren sich ihre Beine, mal die Arme. Er verschränkt seine Finger mit ihren, zieht sie nah an sich heran, was beide zum Lachen bringt, bevor sie sich wieder von ihm löst. Er dreht sie herum und zieht ihren Körper ganz nah an sich heran. Ihr Hintern drückt gegen seinen Schoß und sofort wächst sein Schwanz an. Sie löst sich von ihm, dreht ihren Körper und lächelt ihn an. Dabei macht sie ein fast schon bedauerndes und verneinendes Gesicht. Ihr Zeigefinger wedelt dabei ablehnend in der Luft. Dennoch lächelt sie, verlegen zwar, aber nicht böse.

Als Nächstes folgt »I Took a Pill in Ibiza« von Mike Posner.

Sie tanzen weiter, lachen und er zieht sie erneut an sich heran. Nun tanzen sie einen Discofox. Dabei blicken sie sich tief in die Augen, lachen weiter, während er sie dreht und immer wieder an sich heranzieht. Noch immer hat er einen Ständer und stößt ihn wie zufällig gegen ihren Körper. Anfangs zeigt ihr Blick, dass es ihr unangenehm ist, jedoch nach einigen Malen lacht sie und lässt es zu. Er führt sie sicher, vollführt einige Figuren und zieht sie wieder fest an sich heran. Das gefällt Ina, besonders, dass er so gut tanzen und führen kann.

Einige Takte später, dreht er sie erneut und wieder berühren sich ihre Körper. Sein Schoß klebt förmlich an ihrem Hintern. Sein Ständer reibt an ihrem Arsch, nur dieses Mal löst sie sich nicht von ihm. Seine Hände liegen auf ihren Hüften und drücken sie fest an sich heran, während sie sich im Takt der Musik bewegen. Sie lachen und schauen nun zu Rob, der wiederum dumpf und willenlos zurückblickt. Anscheinend kann er sich noch nicht einmal dazu entscheiden, sauer auf seine Freundin zu sein, dass sie so eng mit einem anderen tanzt. Ralf schiebt seine Hände auf den Bauch von Ina, die den Kopf dreht und ihm ins Gesicht schaut.

»Hey …«, sagt sie nur, lächelt aber.

Er lächelt zurück. »Wir wollen doch Spaß haben. Und mit dir zu tanzen ist toll!«, schwärmt er und blickt ihr einige Sekunden tief in die Augen.

Deutlich sieht er, wie es Ina schwerfällt, sich davon zu lösen und wieder nach vorn zu schauen. Direkt auf ihren Freund. Auch Ralf blickt zu Rob.

»Also, deine Freundin ist echt eine Wucht«, sagt Ralf.

Seine Hände gleiten höher, aber bevor sie die Brüste erreichen, wandern sie nach außen und bewegen sich unter den Armen höher. Dabei berühren seine Fingerspitzen ganz leicht die äußeren Rundungen, aber auch nur ganz kurz, sodass Ina nicht darauf reagiert. Sie tanzen weiter. Seine Hände liegen nun auf ihren Schultern und rutschen über die Schlüsselbeine zum Hals, streicheln sie dort im Rhythmus der Musik und gleiten abwärts. Kaum spürt er, wie es unter der Bluse erhebt, bewegt er die Hände wieder nach außen. Zeitgleich tanzen sie im schnellen Takt der Musik. Ihr Hintern reibt dabei nun ungeniert an seinem Schoß. Noch immer lachen beide und blicken zu Rob.

Dieser sitzt zusammengesunken da und starrt die zwei an.

Ralf kann nicht richtig deuten, ob es Desinteresse oder Enttäuschung ist, der in seinem wie weggetretenen Blick liegt. Er kann es nicht verstehen. Würde ein anderer mit seiner Freundin so tanzen, würde er ausrasten. Aber nicht dieser Rob!

Ralfs Hände gleiten wieder seitlich an den Brüsten abwärts, dieses Mal aber drücken seine Finger sanft dagegen und umrundet sie, bis seine Hände auf ihrem Bauch liegen und noch weiter abwärtsrutschen. Er erreicht den Rock und schiebt die Finger bis zum Schambein, zieht ihren Unterleib an seinen und kreist mit seinem Becken dagegen. Ina scheint nichts dagegen zu haben. Sie tanzt weiter, während Rob die beiden irgendwie lethargisch anstarrt.

Das Lied endet und die zwei Tänzer bleiben stehen.

»Also Rob, ich muss schon sagen, dass du eine ganz heiße Freundin hast«, sagt Ralf und grinst lüstern.

Aber auch diese Provokation nimmt Rob einfach so hin. Nicht ein Kommentar dringt aus seinem Mund. Ist der so unentschlossen oder traut er sich nur nicht?

»Oh, hast du gehört? Du sagst nie so etwas zu mir«, hält Ina ihm mit gespielter Traurigkeit vor.

Ihr Kopf dreht sich zu Ralf. Die Gesichter sind ganz nah und die Blicke treffen sich.

»Du riechst unglaublich gut«, raunt er so leise, dass es Rob nicht hören kann.

Sie lächelt, aber bevor sie etwas erwidern kann, setzt schon das nächste Lied ein und sie beginnen, erneut im Takt zu tanzen.

Es folgt »Cake by the Ocean« von DNCE. Nun stößt sein Becken in diesem Rhythmus nach vorn, während Ina ihre Hüften schwingen lässt. Die Hände von ihr wedeln über ihrem Kopf, während seine ihre Hüfte und Taille entlanggleiten. Ralf wird immer geiler. Sein Ständer drückt unangenehm, aber gleichzeitig erfreut ihn der Druck von Inas Hintern, der auf ihn wirkt. Dabei lachen beide und genießen die Bewegungen und Berührungen, die dabei entstehen.

Das nächste Lied ist ein Klassiker: »Let's Talk About Sex« von Salt 'n' Pepa. Sofort beginnt Ralf, laut mitzusingen und den Bauch von Ina zu umklammern. Diese lacht schallend und singt auch mit. Doch plötzlich stoppt das Lied. Rob sitzt am Laptop, anscheinend ist es ihm doch zu viel, was er da sieht.

»Hey, lass doch laufen! Die Mucke ist echt super«, ruft Ina.

Und schon erklingen die nächsten Töne, und Ralf muss grinsen. Entweder hat sich Rob vertan oder …?

Es erklingen die langsamen gefühlvollen Klänge von »Take My Breath Away« von Berlin. Der Klassiker aus dem Film »Top Gun«.

Ralf dreht Ina zu sich, und während seine linke Hand in ihrer rechten Hand landet, wandert seine rechte zu ihrem Hintern. Sanft legen sich die anderen Finger auf seine Schulter und gleiten bis zu seinem Nacken, sodass ihm ein sanfter Schauder den Rücken runterläuft. Alles sehr angenehm. Sein Schwanz pocht noch stärker. Von jetzt an schunkeln sie nur noch und blicken sich tief in die Augen. Die Atmung der beiden geht langsam und gleichmäßig. Doch dann fassen seine Hände fester zu. Sanft drückt seine Hand ihren Hintern und knetet ihn. Ihre Hand in seinem Nacken streichelt zärtlich den Haaransatz. Die Welt verschwimmt um sie herum. Er beugt sich ganz langsam zu ihr runter, bis sein Mund neben ihrem Ohr liegt.

»Du raubst mir den Atem«, flüstert er.

»Take my breath away«, erklingt es passend dazu aus dem kleinen Lautsprecher, und Ralf spürt ihr zartes Zittern.

Seine Lippen berühren ihren Hals. Sanft küsst er sie und kann hören, wie sie tief und zufrieden ausatmet. Inas Hand drückt seinen Kopf fester an sich heran und er küsst sie erneut. Dieses Mal fordernder und leidenschaftlicher. Ihre Körper pressen sich im Takt des langsamen Liedes stärker aneinander. Er beginnt, an ihrem Ohrläppchen zu knabbern.

»Du bist der Wahnsinn. Du bist umwerfend. Du bist wunderbar«, haucht seine Stimme, und er spürt bei jedem Satz, wie ihr Körper mehr und mehr nachgibt.

Sie gibt sich ihm hin. Seinem Griff, seinem Körper, seinen

Küssen. Bisher hatte Ralf die Augen geschlossen, um den Augenblick zu genießen, nun öffnet er sie und betrachtet Rob.

Dieser sitzt mit starrem, fast schon wirrem Blick da und betrachtet die Szenerie. Kurz ist Ralf erschrocken, dann aber erkennt er das wahre Bild: Rob ist erregt. Seine Nasenflügel beben nicht vor Wut, sondern vor Geilheit. Er atmet flach und schnell. Er scheint schon fast zu sabbern.

Ralf grinst und küsst Ina weiter am Hals, leckt mit der Zungenspitze aufwärts bis zum Ohr und spielt am Ohrläppchen und der Muschel.

»Du raubst mir den Verstand«, flüstert er und küsst sie weiter.

Von Ina hört er ein zufriedenes Seufzen. Ihre Hand krault seinen Hinterkopf und sie drückt sich fester an ihn heran. Seine Hand massiert ihren Hintern.

»Gefällt dir das?«, fragt er leise und spürt sogleich ihr Nicken.

»Mmm, ja«, haucht sie und gibt sich seinen Liebkosungen hin.

»Deinem Freund anscheinend auch.« Er grinst.

Schlagartig löst sich Ina von Ralf, dreht sich ruckartig um und starrt Rob an. Zuerst entschuldigend, aber nachdem sie dessen sabbernden Gesichtsausdruck erkennt, hebt sie nur erstaunt die Augenbrauen.

Schon umschließen Ralfs Arme ihren Oberkörper und er küsst sie erneut am Hals. Sie gibt ein seufzendes Stöhnen von sich und reibt ihren Hintern gegen seinen Schoß. Er drückt sie fester an sich und küsst sie weiter.

»Ich glaube, er steht darauf«, säuselt er belustigt.

»W … was?«, fragt sie leise.

Ralf spürt, dass sie sich nicht mehr so recht konzentrieren kann. Er hat sie dort, wo er sie haben möchte. Seine Hände wandern aufwärts und erreichen ihre Brüste. Noch immer dudelt der Kuschelrock-Song. Ralf massiert sanft ihre Oberweite.

»Ich hoffe, es ist nicht nur für heute«, sagt er grinsend. »Du raubst mir den Atem«, flüstert er.

»W … was?«, stammelt Ina total überfordert, aber zugleich das Spiel unsicher eingehend.

»Du bist ein Traum«, haucht Ralf und küsst sie erneut am Hals.

Sie kippt ihren Kopf zur Seite, sodass er besser rankommt, was er sogleich mit weiteren Küssen ausnutzt. Er beobachtet ihren Körper. Die Brüste von ihr heben und senken sich stärker, während er sie genüsslich liebkost. Sie seufzt lüstern und seine Rechte öffnet den obersten Knopf an ihrer Bluse. Ja, dieses Spiel gefällt ihm. Während er ebenfalls von der Vorstellung verfolgt wird, dass irgendwo eine Liebe in Flammen steht, öffnet er den zweiten Knopf und küsst weiter ihren Hals. Der nächste geöffnete Knopf erlaubt ihm, die Hand unter die Bluse zu schieben und ihre linke Brust zu ergreifen. Genau zu diesem geheimen Platz möchte er. Wie in Zeitlupe dreht sie den Kopf zu ihm nach hinten. Gerade will sie etwas sagen, da treffen sich ihre Blicke und seine Lippen legen sich auf ihre. Die Münder sind leicht geöffnet und die Zungen treffen sich sofort. Zuerst zögernd und vorsichtig wird dieser schnell wild und leidenschaftlich. Seine Finger öffnen die Bluse ganz und ziehen sie ihr aus. Es folgt der BH. Kaum liegt dieser am Boden, lösen sich ihre Lippen von seinen. Etwas unsicher blickt sie zu ihrem Freund.

Aber Ralf beruhigt sie. »Es gefällt ihm!«

Er knetet ihre Brüste genüsslich, streift die Finger nach oben, bis ihre Warzen zwischen Daumen und Zeigefinger stecken.

»Wirklich?«, fragt sie unsicher.

Ihr Freund starrt sie wie hypnotisiert an.

»Lass ihn die Hose ausziehen!«, raunt er und zwirbelt die harten Nippel.

»W … was?«, fragt sie verblüfft und ungläubig.

»Sag ihm, er soll die Hose ausziehen«, wiederholt er langsam, aber leise, dabei drückt er sanft ihre Brüste zusammen.

»Rob, zieh … zieh die Hose aus!«, sagt sie.

Wie ferngesteuert greift Rob an den Gürtel, öffnet ihn und anschließend den Knopf und Reißverschluss. Gleichmäßig schiebt er die Hose abwärts.

Ralf muss grinsen und knetet weiter genüsslich die Brüste von Ina. Diese schlägt sich kichernd die Hand vor den Mund, als sie die Beule mit dem nassen Fleck an seinen Shorts entdeckt.

»Sagte ich doch«, meint Ralf.

Er küsst sogleich wieder Inas Hals, die den Kopf zur Seite legt und sinnlich stöhnt.

»Zieh du nun deinen Rock aus«, haucht er in ihr Ohr und küsst sie weiter.

Während beide Rob anschauen, der ihnen starr und mit einem Ständer zusieht, greift Ina nach hinten zwischen ihre Körper. Ihre rechte Hand gleitet über seine Erhebung und verweilt dort kurz.

»Den kannst du gleich rausholen, aber zuerst deinen Rock«, flüstert Ralf und vernimmt ein Seufzen.

Er hört den Reißverschluss des Rockes und sogleich windet sie sich, während ihre Finger den Rock langsam nach unten schieben. Sie beugt sich vor, wobei er den Kontakt zu den Brüsten verliert. Dafür nimmt der Druck an seinem Schwanz zu. Er blickt auf einen weißen Hüftslip, in dem ihr Hintern super zur Geltung kommt. *In einem String bestimmt noch mehr*, denkt Ralf und streicht mit den Händen über ihren Rücken abwärts, bis er an dem Slip angekommen ist.

Ina steigt aus dem Rock und stellt ihr rechtes Bein weiter nach rechts. So vorgebeugt bleibt sie vor Ralf stehen. Er spürt, dass sie erwartet, dass er ihr den Slip auszieht, aber er hat einen besseren Plan. Seine Hände wandern zum Bauch und während sie zu den Brüsten gleiten, zieht er ihren Oberkörper wieder hoch. Sogleich ist sein Mund an ihrem Ohr.

»Sag deinem Freund, er soll deinen Slip ausziehen.« Ralf spürt ein sanftes Zucken bei Ina, als er das gesagt hat. »Und währenddessen holst du ihn mir raus, ja?«

Er küsst sie zärtlich auf die Wange und den Hals.

»Rob, zieh mir den Slip aus!«, sagt sie dünn und unsicher.

Gleichzeitig wandern ihre Hände nach hinten und erreichen Ralfs Hose und den Knopf. Während Rob langsam, aber ohne Widerworte aufsteht, öffnet sie Ralfs Hose, indem sie den Reißverschluss nach unten zieht. Zeitgleich rutscht auch ihr Slip abwärts. Als Ralfs Hose in einer Gemeinschaftsleistung nach unten geglitten ist, setzt sich Rob mit dem roten-weißen Slip wieder hin.

Ina ertastet den Ständer hinter ihr und holt ihn durch den Eingriff der Boxershorts heraus.

»Sag ihm, er soll am Slip riechen und gleichzeitig wichsen«, raunt Ralfs Stimme in ihr Ohr.

Ina muss kurz kichern.

»Halt meinen Slip an die Nase und mach es dir!« Nun klingt ihre Stimme schon fester, obwohl sie nach den Worten wieder kichern muss.

Zwischen ihren Händen steckt ein Ständer, den sie sanft reibt. Ralf tritt etwas näher zu ihr und umarmt Ina. Seine Finger wandern gleichzeitig zu ihrer Brust und ihrem Schambein.

Rob hält sich den Slip unter die Nase und packt seine Shorts. Sofort beginnt er zu wichsen. In diesem Augenblick erreichen Ralfs Finger ihren Kitzler und kreisen darüber. Ina stöhnt, zuckt kurz und reibt den Schwanz hinter ihr fester.

»Ich will ihn sehen«, sagt sie leise, aber bestimmt.

Rob steht auf und zieht die Shorts aus. Ein nicht allzu

großer Schwanz kommt zum Vorschein.

»Seiner ist viel größer«, raunt sie erstaunt und begeistert.

Ihre Rechte umschließt den Steifen von Ralf und drückt fester zu, während sie sich schneller auf und ab bewegt.

»Ja«, haucht Ina.

Ihr Becken schwingt nun im Takt, den Ralfs Finger vorgeben, vor und zurück. Auf ihrem Gesicht liegt ein lüsternes Grinsen.

»Du fühlst dich geil an«, sagt Ralf heiser und atmet schwer.

»Ja«, antwortet Ina und wichst schneller.

»Beug dich vor und steck ihn dir rein!«, presst Ralf hervor.

Ina lässt seinen Schwanz los, beugt sich sofort vor und greift zwischen ihre Beine, erwischt seinen Schwanz und führt ihn zu ihrer Grotte. Den letzten Moment genießen die beiden voller Ungeduld, bevor Ralf sein Becken nach vorn stößt.

»Oh Scheiße, ja!«, brüllt Ina mit weit aufgerissenen Augen.

Sie sieht noch immer ihren Freund an, der vor ihr wichst und an ihrem Slip schnüffelt. Mit schnellen wuchtigen Stößen vögelt Ralf Ina vor ihrem Freund. Die beiden blicken sich dabei unentwegt an. Ina sieht ein noch nie dagewesenes Feuer in den Augen ihres Freundes, das immer heller wird, je länger sie von Ralf gevögelt wird.

Rob verzieht plötzlich sein Gesicht. Er öffnet den Mund, zieht tief die Luft ein und presst sogleich die Zähne wie unter Schmerzen aufeinander. Er zuckt und Sperma spritzt mehrmals heraus. Weiße Pfützen entstehen auf seinen Schenkeln und der Couch.

Ina lacht auf. Sie versteht die Welt nicht mehr. Alles ging so schnell. Ralf hat sie verführt und ihr Freund hat nichts dagegen. Im Gegenteil, er holt sich einen runter.

Jetzt sitzt er vor ihr, schnüffelt noch immer an ihrem Slip und reibt langsam und genüsslich sein Glied, das nicht wirklich kleiner zu werden scheint.

»Und jetzt du«, hört sie Ralf hinter sich sagen, der die Stöße noch härter und schneller durchführt.

Lautes Klatschen erfüllt den Raum. Die Musik ist zur Nebensache geworden. Ina spürt diese unglaubliche Hitze in sich aufsteigen und stöhnt lauter.

»Oh mein Gott, ist der groß! Der ist so unglaublich … so unglaublich …«

Sie kommt nicht weiter, denn auf einen Schlag verkrampft sie sich vollständig, beginnt zu zittern und stößt würgende Töne hervor. Ihr Gesicht verzieht sich wie unter Schmerzen, bevor sie mit einem harten Ruck und einem Schrei ihren Orgasmus herausbrüllt. Mehrmals ruckt sie vor ihm, bis sie sich nach wenigen Sekunden langsam wieder beruhigt und tief durchatmet.

Hinter ihr lächelt Ralf zufrieden, der Ina während ihres Höhepunktes festgehalten hat und ruhig geblieben ist. Nun beginnt er, wieder mit Stößen gegen ihren Hintern zu klatschen. Vor ihr wichst Rob und starrt seine Freundin mit großen, erregten Augen an. Sein Blick wirkt wirr, aber irgendwie fixiert, findet Ralf und vögelt Ina noch schneller.

»Küss doch mal deinen Freund, während du einen anderen vögelst!« Ralfs Stimme ist gezeichnet durch die Anstrengung.

Dabei schiebt er Ina weiter nach vorn, bis sie sich auf den Oberschenkeln von Rob abstützt und den Kopf vorstreckt. Die Lippen berühren sich und Ralf stößt noch heftiger zu.

»Ja! Schieb ihm deine Zunge rein, während mein Schwanz in dir steckt!«, jubelt er lachend und vögelt sie noch schneller.

Da stöhnt Rob gedämpft auf und Ralf sieht ihn zucken.

»Ist er noch mal gekommen? Hat Rob ein zweites Mal gespritzt?«, ruft er freudig aus.

Er packt Ina an den Oberarmen, zieht ihren Oberkörper zurück, sodass sie mit einem Hohlkreuz vor ihm steht. Ralf hämmert seinen Unterleib gnadenlos gegen Inas Arsch.

»Ja! Ja!«, schreit Ina aufgeregt.

»Hat er dich vollgespritzt?«

»Ja! Alles auf meinen Busen, das Schwein!«, schreit sie in absoluter Ekstase heraus.

Ralf verlangsamen die Stöße. Er steht kurz davor, möchte es aber noch weiter auskosten. Er zieht ihren Oberkörper noch höher, bis sein Mund nahe an ihrem Ohr ist.

»Er soll es abputzen. Sag es vulgär, dreckig, schmutzig!«

Er schiebt sein Becken so weit vor, dass sein Schwanz so weit wie möglich bei dieser Stellung in sie hineinfährt.

»Leck mich sauber! Leck deinen eigenen Saft!«, presst sie etwas unsicher hervor, grinst jedoch.

Rob verzieht angeekelt das Gesicht und schüttelt den Kopf.

»Los! Mach schon, du Pfeife! Schleck deine Sahne von den Titten deiner Freundin!«, befiehlt Ralf in einem harten Ton und schaut ihn bissig an.

Rob beugt sich vor, nähert sich langsam dem Oberkörper, der von jedem Stoß nach vorn ruckt und streckt die Zunge heraus. Mit einem angewiderten Gesichtsausdruck und zusammengepressten Augen leckt er das tropfende Sperma von ihrem Busen.

»Oh, ist das geil!«, presst Ralf heraus und kann sich nicht mehr zurückhalten, scheint zu explodieren.

»Mein Gott! Ja! Ja!«, brüllt Ina mit weit aufgerissenen Augen.

Rob lehnt sich zurück und starrt seine Freundin an, als ob er etwas Falsches gemacht hätte. »Was ist?«

»Ralf. Er … er ist in mir gekommen!«, stammelt sie und lächelt ungläubig und zufrieden. »Es fühlte sich unglaublich geil an. Ich spürte jeden Spritzer. Jedes Mal schien sein Schwanz sich auszudehnen, damit sein Sperma hindurchschießen konnte.« Sie schwärmt wie von einem Rockstar.

Ralf entspannt sich wieder. Das Pulsieren hat nachgelassen, aber ihre Worte machen ihn weiter geil. Sein Schwanz schrumpft nicht, besonders, weil er den Gesichtsausdruck von Rob erblickt. Weggetreten, wie in Trance, aber hocherregt. Mit sanften Bewegungen schiebt er seinen Schwanz weiter in Inas Möse vor und zurück, dabei blickt Ralf an ihr vorbei und muss grinsen.

»Hey, dein Freund hat schon wieder einen Ständer.«

Inas Kopf ruckt nach unten, sie kann es nicht fassen.

»Er findet es einfach geil, wenn ich dich ficke!«, raunt Ralf und stößt langsam wieder stärker zu.

»Oh ja, ich auch!« Ina kichert.

»Das hätte ich heute schon im Aufzug machen sollen«, presst Ralf hervor und vögelt sie noch schneller.

Laut klatschen seine Leisten auf ihren Hintern.

»Warum hast du es nicht?«

»Ich wusste nicht, ob du das magst«, antwortet Ralf.

»Das ... das kann man ... nur ... lieben!«, brüllt Ina die letzten Worte hervor und kommt erneut.

Ralf hämmert seinen Unterleib fester und schneller nach vorn.

»Ja! Komm! Komm!«, brüllt er lachend und hört erst auf, als die Zuckungen bei Ina abebben.

Rob kniet vor ihr, leckt weiter sein Sperma von ihrem Oberkörper und wichst dabei seinen Ständer.

»Wow, war das geil!«, sagt Ina schwer atmend und stützt sich auf ihren Oberschenkel ab.

Ralf packt ihre Hüften und vögelt sie mit harten Stößen.

»Oh Scheiße, ist das geil! Das machen wir jetzt öfter, ja?«, ruft er lachend aus.

Ina lacht mit und ruft: »Ja! Auf jeden Fall!«

»Jeden Tag komme ich jetzt vorbei und bumse dich!« Seine

Stimme überschlägt sich fast.

»Ja! Ja! Ja! Ja!«, brüllt Ina.

Rob hat nun fast alles abgeleckt und spielt mit ihren Brustwarzen, während er weiterhin wichst.

»Wenn du morgen nach Hause kommst, klingelst du erst bei mir, verstanden?«, presst er hervor.

Seine Hände sind nun wie Schraubstöcke und das laute Klatschen der beiden Körper übertönt fast alles.

»Ja! Oh mein Gott. Ich komme! Ich komme!«, brüllt Ina.

Sie beginnt, augenblicklich zu zucken, stößt undeutliche Laute aus, ruckt hart nach hinten und beruhigt sich kurz darauf wieder.

Ralf zieht sich langsam aus ihrer Muschi zurück. Ihr Körper glitzert schweißnass. Erschöpft richtet sie sich auf und dreht ihren Körper zum neuen Nachbarn. Sie versteht nicht, warum er mit einem Ständer einfach aufhört.

»Was ist?«, fragt sie.

Ralf findet das süß und streicht ihr sanft über die Wange. Er beugt sich vor und küsst sie. Schon nach wenigen Augenblicken spielen die Zungen miteinander und der Kuss wird leidenschaftlich, wild und stürmisch. Ihre rechte Hand ertastet seinen Ständer, umschließt ihn und beginnt zu reiben. Mit einem leisen Schmatzen löst er sich von ihr. Die Blicke treffen sich.

»Was willst du?«, fragt sie leise und verführerisch.

Er lächelt. Er hat sie genau da, wo er sie haben will.

»Wo ist euer Schlafzimmer?«, fragt er cool und lächelt bei dem Funkeln in ihren Augen.

»Dort hinten.« Sie nickt in Richtung einer Tür.

Ralf beugt sich vor und hebt sie an. Ina schreit belustigt auf, und kaum hält er sie auf beiden Armen, nähert sie sich seinem Gesicht und küsst ihn erneut. Die Lippen lösen sich erst voneinander, als er losgeht. Vor der geschlossenen Tür bleibt er stehen und dreht sich zu Rob. »Mach uns die Tür auf!«

Rob kommt mit seinem Ständer in der Hand unterwürfig angelaufen und öffnet sie ihm.

Ralf trägt Ina zum Bett und legt sie sanft ab, dann sagt er: »Rob, mach die Tür zu, setz dich davor und lausche, wie deine Freundin ihre Lust herausschreit! Dabei kannst du dir noch mal einen runterholen.« Er grinst breit und Rob schließt die Tür.

Ralf dreht sich zum Bett und betrachtet Ina, die lasziv, mit angestelltem rechtem Bein, auf ihn wartet.

»Ich werde schreien?«, fragt sie amüsiert und zwinkert ihm zu.

»Das hoffe ich doch. Dein Freund soll doch auch etwas davon haben. Ich habe schon öfter davon gelesen, dass es Männer gibt, die es geil finden, ihrer Frau zuzusehen, wenn sie betrogen werden. Rob ist wohl einer davon, also ist alles gut, was wir hier machen.«

Langsam klettert er auf das Bett und auf Ina zu. Sie beißt sich sanft auf die Unterlippe.

»Solche Männer nennt man auch Cuckolds«, erklärt er weiter und krabbelt ganz langsam auf allen vieren über sie.

»Aha«, sagt Ina und lächelt. »Und auf was stehst du so?«, fragt sie ihn und grinst auffordernd.

»Ich? Ich stehe auf Frauen, die gut aussehen, die gut riechen und sich gut anfühlen.« Er beugt sich herunter, küsst sie auf den Mund und macht bis zum Hals weiter. Sie seufzt zufrieden.

»Und was noch?« Ihre Stimme ist nun heiser.

Ihre Hände liegen auf seinem Rücken und streicheln diesen bis zum Nacken. Am Haaransatz krault sie ihn.

»Ich liebe es, meinen Schwanz in ihre Möse zu schieben und sie zu ficken.«

Er drückt ihre Beine auseinander und schiebt seine Knie dazwischen. Er streckt sich, senkt seinen Unterleib und platziert seinen Schwanz direkt vor ihre Ritze.

»Aber am geilsten finde ich, wenn ich eine Frau vor den Augen ihres Freundes ficken darf.« Er kichert und sein Schwanz schiebt sich langsam in sie hinein.

Ina stöhnt auf, viel lauter als normal, damit ihr Freund es auch hören kann. Ihr Freund, der Cuckold.

Das laszive Luder

David hat noch drei Haltestellen in der Straßenbahn, bevor er aussteigen muss. Seit dem letzten Halt steht eine junge Frau knapp zwei Meter von ihm entfernt und sieht einfach umwerfend aus. Er kann seinen Blick kaum von ihr lösen, und sobald sie zu ihm schaut, senken sich seine Augen. Aber jetzt blicken sie sich direkt an und die junge Frau lächelt.

Sein Körper wird ganz warm, er fühlt sich fast, als hätte er Fieber und lächelt automatisch zurück, bis sie sich abwendet, weil eine ältere Frau an ihr vorbei möchte. Jedoch wiederholen sich die Blickwechsel und sein Herz schlägt ihm bis zum Hals. Er kann es kaum glauben, dieses traumhafte Wesen scheint Interesse an ihm zu haben.

Die Straßenbahn hält. Die junge Frau wirft ihm einen kurzen, verlegenen Blick zu, beißt sich auf die Unterlippe und geht anschließend zur Tür. Aber hat ihr Kopf nicht kurz ein Zeichen gemacht, dass er ihr folgen soll? Nur ein kurzes Nicken? Er ist sich nicht sicher, aber ohne groß darüber nachzudenken, folgt er ihr und schafft es gerade noch, sich durch die schließende Tür hindurchzuzwängen. Jetzt steht er auf dem Gehweg.

Nur ein paar Schritte von ihm entfernt ist die Frau stehengeblieben und tippt etwas in ihr Handy. Er betrachtet ihr

Jeanskleid, die schmalen Beine, die geschwungenen Hüften, die enge Taille und die sportlichen Schultern, bei denen ihr blondes glattes Haar endet. Ihre Nase ist süß, das Kinn schön geformt und die Augen, die sich in diesem Moment auf ihn richten, leuchten in einem strahlenden Blau.

»Hi«, sagt sie vorsichtig und lächelt.

»Hi«, antwortet David und macht zwei Schritte auf sie zu. »Ich habe dich in der Straßenbahn gesehen.« Leider fällt ihm nichts Besseres ein. Er ist nicht besonders gut in diesen Dingen.

»Ach?«, fragt sie spitzbübisch lächelnd. Ihre Augen scheinen noch mehr zu glitzern.

»Ich … ich habe mich gefragt, ob wir nicht mal … also … vielleicht … wenn du … du willst … dann könnten wir … vielleicht mal einen Kaffee trinken gehen, oder so.« Er spürt, wie die Hitze in sein Gesicht steigt und weiß, dass er rot anläuft.

Normalerweise beachten ihn Frauen kaum. Er ist nicht hässlich, hat kein verschobenes Gesicht und achtet auf ein ordentliches Auftreten und dass die Haare nicht dämlich aussehen. Dennoch ist er zurückhaltend und schüchtern.

»Klar. Ich gebe dir meine Nummer und du rufst mich an, okay?«, sagt sie.

Dabei schenkt sie ihm das süßeste Lächeln auf der Welt. Zumindest kommt es ihm so vor. Gleichzeitig bleibt das Herz in seiner Brust für zwei Sekunden stehen. Das hätte er nicht erwartet. Nach der kurzen Schockstarre greift er nach seinem Handy und sie gibt ihm ihre Nummer.

Während sie davongeht, und er ihren wunderbaren Hüftschwung betrachtet, bemerkt er seine Erregung in der Hose und blickt sich verlegen um. Aber niemand ist an der Haltestelle, dem es auffallen könnte. Er wartet auf die nächste Straßenbahn.

Später kann er nicht sagen, wie er nach Hause gekommen ist, so sehr schwebte er auf rosa Wolken.

***

Noch am selben Abend hatte er sie angerufen. Sie redeten eine knappe halbe Stunde miteinander und vereinbarten ein Treffen für Samstag.

Nun ist es so weit. Heute ist Samstag, aber er ist schon zehn Minuten vor der vereinbarten Zeit am Treffpunkt. Als er sie von Weitem sieht, verschlägt es ihm die Sprache. Sie trägt einen rosa Sommerpullover, einen knappen, schwarzen Lederminirock und dazu passende Lederstiefel, die ihr fast bis zu den Kniescheiben reichen. Unglaublich sexy. Eine kleine, rosafarbene Handtasche rundet das feminine Gesamtbild ab.

Da fühlt er sich mit seinem Shirt und der löchrigen Jeans mit Sneakers total underdressed.

»Wow, du siehst wahnsinnig gut aus!«, begrüßt er sie voller Enthusiasmus und reicht ihr die Hand, die sie artig schüttelt.

»Du aber auch.« Sie lächelt wie ein Engel, während ihre Augen seinen Körper abtasten.

Sie stellt sich als Corinna vor, und er liebt sogleich den Klang ihres Namens. Zunächst setzten sie sich in ein Café und reden ungezwungen über alles Mögliche. Dabei lachen sie viel und blicken sich oft tief in die Augen. Anschließend lädt er sie zu einem Döner ein, den sie beim Stadtbrunnen verspeisen. David liebt ihre lockere Art und vor allem ihr Lachen. Ihre weißen, makellosen Zähne zeigen sich sehr oft und werden umrahmt von ihren dezent-roten Lippen, die so unglaublich fest und voll aussehen.

Anschließend gehen sie noch in ein anderes Café. Saßen sie sich vor dem Döner noch gegenüber, sitzen sie nun über Eck. Dabei berühren ihre Beine immer wieder die seinen, und wenn sie schallend über eine seiner Geschichten lacht, liegt oft eine Hand auf seinem Unterarm.

Die Zeit verstreicht wie im Fluge, bis das Handy von Corinna zu brummen beginnt. Sie holt es entschuldigend aus der Handtasche und blickt drauf. Ihr Gesichtsausdruck verfinstert sich, bevor sie mit flinken Fingern eine Antwort tippt.

»Was Schlechtes?«, fragt David besorgt.

Aber Corinna winkt ab. »Ach nichts!«

»Sieht mir aber nicht so aus«, bohrt David nach und hofft, dass er nicht zu aufdringlich wirkt.

Aber schon bröckelt Corinnas Fassade. »Ach, weißt du, das ist so ein Kerl, der … tja, der ist total vernarrt in mich.«

»Das kann ich nachvollziehen«, platzt es aus ihm heraus und sogleich läuft er rot an.

»Dieser Typ ist unglaublich hartnäckig. Manchmal ist er fast schon brutal und hart zu allen in seiner Umgebung.« Nachdenklich rührt sie in ihrem Kaffee.

»Tja, offensichtlich verdirbt er dir die gute Laune«, analysiert David die Situation und wirkt nun selbst betroffen.

Etwas traurig blickt sie ihm in die Augen und verzieht den Mund. »Tja, sorry! Es tut mir leid, dass ich diesen schönen Abend so zerstöre.« Fest pressen sich ihre roten Lippen aufeinander, von denen sich David in den letzten Stunden nicht sattsehen konnte.

»So ein Arsch«, kommentiert er nur und verspürt Zorn.

Aber sogleich legt er sich wieder, weil David diese negativen Energien nicht auf Corinna übertragen möchte.

»Vielleicht sollten wir gehen, was meinst du?«, fragt er behutsam und blickt in ihre wunderschönen Augen, in denen er sich heute schon so oft verloren hat.

Sie nickt. »Könntest du mich vielleicht nach Hause fahren?« Ihre Stimme ist dünn und vorsichtig.

Aber er beginnt zu strahlen. »Natürlich!«

Er bezahlt und sie gehen gemeinsam zum Parkhaus, in dem

er seinen grauen Golf geparkt hat. Dabei bemerkt er, dass ihre Stimmung langsam wieder besser wird. Sie machen Scherze, lachen und immer wieder boxen sie sich gegenseitig.

Auf dem Parkdeck angekommen, hakt sie sich bei ihm ein und lehnt ihren Kopf an seine Schulter. Ein unglaublich warmes und schönes Gefühl strömt durch ihn hindurch.

»Es war ein wunderschöner Abend«, haucht sie und küsst ihn auf die Wange.

Er hatte gerade mit der Fernbedienung die Zentralverriegelung geöffnet, da bleibt er stehen und blickt sie an. Er möchte etwas sagen, das Kompliment zurückgeben, aber ihre Lippen verschließen plötzlich seine. Wie vom Donner gerührt steht er da. Es ist unfassbar. Niemals hätte er sich träumen lassen, dass so etwas passiert. So eine schöne, hübsche, faszinierende Frau, die ihn einfach so küsst. Nach einer Schrecksekunde erwidert er den Kuss, bis sie sich von ihm löst. Fast schon verlegen lächelt sie ihn an.

»Lass uns zu mir fahren!«, sagt sie leise.

Erst jetzt bemerkt er den Ständer in seiner Hose. Schnell eilt er zur Fahrerseite und kaum sitzt er, kommt sie mit dem Kopf zu ihm rüber und küsst ihn erneut. Dieses Mal gleitet ihre Zunge weit in seinen Mund. David glaubt, die Besinnung zu verlieren. Sie liegen sich umgehend in den Armen und knutschen wild im Auto. Ihre Hand streichelt seinen Bauch und wandert tiefer, erreicht den Hosenbund und rutscht weiter, bis sie seine Erhebung erreicht. Kurz löst sie sich von ihm und blickt strahlend in seine Augen.

»Wow, da tut sich ja ordentlich was!« Sie knetet sanft die Hose.

David verschlägt es den Atem. So schnell, so direkt, ging noch nie ein Mädchen bei ihm an die Hose. Aber er findet es gut. Sein Herzschlag erhöht sich und er wird mutiger.

Ihre Lippen liegen erneut auf seinen und nun ertasten seine Finger ihren Schenkel, gleiten auf die Innenseite und von dort unter ihren Minirock. Eigentlich hat er erwartet, dass sie ihn stoppt, die Beine zusammenpresst, auf seine Finger schlägt oder zumindest den Kuss unterbricht und mahnende Worte zu ihm sagt. Seine bisherigen Freundinnen ließen sich mit dieser Art von Intimität viel mehr Zeit. Aber zu seiner Überraschung spreizt Corinna bereitwillig ihre Schenkel, sodass er ungehindert bis zu ihrem Slip gelangt. Er streicht über den Slip, spürt im Schritt samtweichen Stoff und etwas darüber Spitze. Das erregt ihn noch viel mehr und er überlegt, welche Farbe der Slip wohl haben wird.

Ein lüsternes Seufzen ertönt aus ihrer Kehle, die Zungen spielen wilder miteinander und ihre Hand drückt seinen Ständer etwas fester. Mit einem lauten Schmatzen löst sie sich von ihm. Dieses Mal ist ihr Blick verwegen und ein breites, dreckiges Grinsen liegt auf ihrem Mund.

»Lass uns fahren!«, haucht sie lüstern und leckt sich über die Lippen.

David atmet tief durch und startet schnell den Wagen. Sie dirigiert ihn in einen Vorort. Auf der Strecke hält sie ununterbrochen ihre Hand auf seiner Erregung und streichelt zärtlich darüber. Während einer längeren Grünphase legt er seine Hand auf ihren Schenkel. Wieder öffnet sie diese und er schiebt die Hand weit unter den Rock, bis er den Slip erreicht. Nun ist dieser heiß und feucht und er muss schlucken.

***

Nach knapp zwanzig Minuten erreichen sie ihr Ziel. Corinna zeigt ihm einen Parkplatz vor dem sechsstöckigen Gebäude, in dem sie wohnt. Bevor sie aussteigen, lehnt sie sich zu ihm rüber und küsst ihn auf den Mund.

»Kommst du noch mit hoch?«, fragt sie unschuldig und

blinzelt ihn amüsiert an.

»Klar. Vielleicht wartet der Typ im Treppenhaus auf dich«, antwortet er keck, aber mit einem Kloß im Hals.

Corinna lacht und steigt aus, um zum Haus zu laufen. David kommt kaum hinterher. Bei dem Anblick des Hüftschwungs platzt ihm fast die Hose und er kann nicht mehr klar denken. Er weiß, dass sein Ständer heute noch in diesem wundervollen Körper zum Einsatz kommt. Zumindest hofft er es.

Sie schließt auf und sie betreten das Treppenhaus.

»Wow, Glück gehabt. Keiner da!«, flüstert sie.

»Ja, aber vielleicht wartet er weiter oben«, gibt David ihr den Grund, dass er noch mit hochkommen kann.

Sie kichert und gemeinsam gehen sie in den zweiten Stock. Dort schließt sie die Wohnungstür auf und sie betreten einen Flur.

»So, das ist mein Reich«, sagt sie und breitet die Hände aus.

»Schön«, antwortet er und betrachtet die Dekoration auf dem Schuhschränkchen, auf dem auch das Telefon steht. An der Garderobe hängen zwei Jacken, die der Form und der Farbe nach eindeutig Corinna gehören. Sie führt ihn ins Wohnzimmer.

»Hilfst du mir, die Stiefel auszuziehen?«, fragt sie ihn mit einem umwerfenden Augenaufschlag und er nickt.

Sie lässt sich auf die Couch plumpsen und streckt ihm das rechte Bein entgegen. Er kniet sich vor sie hin und packt den Stiefel. Während er ihn langsam herabzieht, kann er ihr unter den Rock schauen. Zunächst schämt er sich, aber bei dem Anblick des weißen, transparenten Slips bleibt sein Herz für eine Sekunde stehen. In seiner Hose pocht es fordernd.

»Gefällt's dir?«, fragt sie ihn mit einem schelmischen Grinsen, nachdem er ihr den Stiefel komplett ausgezogen hat.

»Ähm, ja.« Seine Antwort ist von einer gewissen Verlegenheit geprägt. Er weiß auch nicht genau, worauf sich ihre Frage bezieht. Aber eigentlich gibt es nur ein Grund dafür.

Sie streckt ihm den anderen Stiefel entgegen und spreizt dabei, wie zufällig, noch stärker ihre Beine. Nun kann er sogar die kleine, zarte Schleife am Bund erkennen, die sanft rosa leuchtet. Außerdem sieht er durch die transparente Spitze, dass Corinna komplett rasiert ist. Sein Herz schlägt ihm bis zum Hals. Er lässt sich sehr viel Zeit mit dem Ausziehen des zweiten Stiefels. Als er fertig ist, stellt er ihn neben den anderen.

»Zieh bitte auch deine Schuhe aus, dann zeige ich dir meine Wohnung.« Sie lächelt verführerisch.

David ist sich sicher, dass er noch nie in seinem Leben die Schuhe so schnell ausgezogen hat wie in diesem Moment.

»Also, komm«, sagt sie lachend und ergreift seine Hand.

Sie gehen vom Wohnzimmer aus in der Küche. Anschließend geht es durch eine weitere Tür in den hinteren Bereich der Wohnung. Corinna öffnet eine Tür zur Linken und sie blicken in das Badezimmer. Anschließend öffnet sie die Tür zur Rechten und David blickt in ein Schlafzimmer. In der Mitte steht ein französisches Bett, dem gegenüber ist ein großer Kleiderschrank mit Spiegeltüren. Neben dem Bett befindet sich jeweils ein Nachtschränkchen. Gegenüber der Tür erblickt er ein großes Fenster, dessen Rollladen unten ist. Links daneben an der Wand, etwas über Kopfhöhe, sind zwei schwere Eisenringe angebracht, an denen bunte Tücher hängen. Rot, gelb und blau erkennt David, was sogleich sein Interesse weckt.

»Wozu sind die Ringe an der Wand?«, fragt er.

Corinna zuckt mit den Achseln. »Keine Ahnung. Die waren schon da, als ich eingezogen bin. Jetzt nutze ich sie zur Dekoration.«

»Aha«, antwortet David etwas verstört.

Irgendwie erinnern sie ihn an Nasenringe von Rindern oder an die Kettenhalterungen in mittelalterlichen Verliesen.

An der Decke hängt eine runde Lampe, auf denen Sterne zu sehen sind. Alles wirkt gemütlich, aber zugleich auch kalt. David kann es sich nicht erklären. Sind es die Ringe an der Wand? Aber seine Gedanken werden jäh unterbrochen, denn Corinna dreht ihn zu sich und umarmt ihn sogleich. Ihre Münder finden sich und sie küssen sich ungehemmt. Schon nach wenigen Sekunden zerrt sie ihm das Shirt über den Kopf, ihre Hände wandern streichelnd über seinen Oberkörper.

David kann sich nicht mehr zurückhalten. Auch er zieht ihr den Pullover aus und öffnet schnell den Reißverschluss des kurzen Rockes, der sogleich zu Boden fällt. Schwer atmend löst sich Corinna von ihm. Sie blicken sich lüstern in die Augen. In ihren Augen erkennt er ein unglaubliches Feuer und Glühen, das ihn noch mehr erregt. Er betrachtet die Unterwäsche. Auch der BH ist transparent, und er bewundert die aufgestellten Warzen. Sein Schwanz zuckt und scheint um Befreiung zu bitten.

Ihr Grinsen ist lasziv und verführerisch. Sie kniet sich vor ihn und öffnet langsam den Gürtel, den Knopf und den Reißverschluss. Ihre Augen sind nach vorn gerichtet, während sie die Jeans samt Boxershorts herabzieht. Sein Ständer schwingt ihr entgegen und sie atmet deutlich hörbar die Luft aus.

»Ja, was haben wir denn da Schönes?«, flüstert sie erregt und ergreift den Ständer, wichst ihn sanft und nagt an seinem Hoden.

David stöhnt und kann nicht glauben, was ihm widerfährt. Langsam schließt er die Augen und stellt sich alle möglichen Praktiken vor. Sie holt ihm einen runter, bläst ihm einen und lässt sich von ihm von vorn und hinten vögeln. Sein Schwanz zuckt vor Freude. Aber schon hört Corinna auf, ihn zu verwöhnen.

»Jetzt packe ich dich erst mal komplett aus«, haucht sie, grinst ihn breit an und streift ihm langsam die Hose, die Shorts und auch die Socken ab.

Langsam baut sie sich vor ihm auf. Kurz blicken sie sich an und schon liegen ihre Lippen auf seinen. Der harte Ständer drückt gegen ihren Bauch. David wird von ihr langsam rückwärts geschoben. Zuerst glaubt er, sie will ihn auf dem Bett haben, aber sie schiebt ihn küssend und streichelnd daran vorbei, bis die rückwärtige Wand den Marsch stoppt.

»Hast du Lust auf ein Spiel?«, haucht sie lasziv und drückt mit den Händen seinen rechten Arm nach oben.

Ohne auf seine Antwort zu warten, fesselt sie sein Handgelenk mit dem roten Tuch, das an dem einen Eisenring befestigt ist. David grinst und nickt. In seiner Fantasie steht er gefesselt an der Wand und sie reibt seinen Schwanz. Er ist hilflos. Sie bläst ihn, dreht sich anschließend um und spießt sich rückwärts auf seinem Ständer auf. Während dieser Bilder fesselt Corinna noch seine andere Hand und auch die Füße. Erst jetzt bemerkt er, dass auch fast auf Bodenhöhe Eisenringe angebracht sind.

Nur wenige Minuten später steht er gefesselt an der Wand, splitternackt und mit einem Ständer, der direkt auf Corinna zeigt.

Diese steht vor ihm, nimmt den Stab in die Hand und reibt ihn genüsslich. Breit grinst sie ihn an.

Plötzlich geht die Schlafzimmertür auf und ein bulliger Typ mit ganz kurzen Haaren tritt herein. Seine kleinen Augen blitzen David böse an.

»Wer … wer ist das?«, platzt es aus David heraus und seine Lust weicht einer aufkommenden Panik. Sein Fluchtreflex lässt ihn an den Tüchern zerren, die ihn weiterhin gefesselt halten.

»Oh, das ist mein Freund Igor«, sagt Corinna amüsiert und geht zu dem bulligen Typ, nimmt ihn in den Arm und küsst ihn auf den Mund.

David wird es schlecht. Sein Ständer sinkt langsam, aber beständig, abwärts und seine Beine werden weich.

»Was? Wie? Wieso dein Freund? Ich … ich verstehe nicht.« Kreidebleich steht er an der Wand und stammelt vor sich hin.

Igor und Corinna lachen laut auf, während der bullige Typ seine Hand unter ihrem Arm nach vorn schiebt und ihre Brust packt.

»Ach, David, du bist so süß«, sagt Corinna. »Igor ist schon lange mein Freund. Ich wohne hier mit ihm zusammen. Leider hat er da so einen Spleen.« Sie kichert, während Igor ihre Brust knetet und den Hals küsst.

In Davids Kopf rasen die Gedanken, und er ist nicht in der Lage, sie zu sortieren. Er versteht es nicht. Was passiert hier? Angst verspürt er bei dem stechenden Blick von diesem Igor, der ihn wie eine Schlange fixiert und kurz davor steht, zuzubeißen. Er wirkt unglaublich animalisch und brutal.

In diesem Augenblick schiebt Igor Corinnas BH über die Brüste nach oben, während ihre Hand auf seinem Schritt liegt und ihn reibt.

»Weißt du, David, Igor steht voll drauf, wenn uns jemand beim Sex zusieht.« Sie kichert und öffnet langsam die Hose von dem bulligen Typ.

Er wiederum öffnet ihren BH und zieht ihn ihr aus. Nun kann David ihre freigelegten Brüste betrachten, aber eine Erregung kann er nicht verspüren. Die Angst lähmt ihn und sein Schwanz hängt schlaff herab.

»Falls es ein Trost für dich ist, du bist nicht der Erste, der hier an der Wand hängt.« Sie kichert und streift Igors Hose ab.

Ein unglaublich großer und dicker Ständer kommt zum Vorschein. Ihre Hand passt nicht komplett darum. Sanft bewegt sie die Vorhaut auf und ab.

»Ach ja, da wir hier schon etwas Erfahrung haben, noch ein paar Hinweise.« Sie grinst böse.

Igor schiebt seine Hand von oben in ihren Slip und reibt über ihre Muschi.

»Falls du anfängstzu schreien, wird dir Igor einen Knebel verpassen. Falls du meinst, mit Klopfen oder anderen Mitteln Lärm zu machen, beiße ich dir in den Sack.« Sie bleckt kurz die Zähne, und David muss schlucken. »Und falls du nachträglich auf die Idee kommen solltest, uns wegen Freiheitsberaubung verklagen zu wollen, tja …«, sie zeigt auf ein kleines, schwarzes Kästchen, das oberhalb der Tür in der Ecke angebracht ist, »… wir können per Video belegen, dass du dich freiwillig hast fesseln lassen. Außerdem solltest du dir gut überlegen, ob dieses Video irgendjemand anderes zu Gesicht bekommen soll.« Sie kichert und legt ihren Blick kurz auf seinen verkümmerten Willi.

»Genug gelabert!«, fährt Igor mit einem deutlich russischen Akzent dazwischen. »Hat er dich angefasst?«, fragt er.

David sinkt das Herz in die nicht mehr vorhandene Hose. Wird Igor, dieser Bulle von einem Mann, sauer werden, wenn er es erfährt? David schluckt. Seine Angst nimmt neue Dimensionen an.

»Ja, als wir geknutscht haben, griff er mir unter den Rock und streichelte mir die Möse.« Sie dreht sich zu Igor, der schräg hinter ihr steht, seine eine Hand noch immer auf ihrer Brust und die andere in ihrem transparenten Slip.

»So wie ich jetzt?«, fragt er gierig und bewegt die Hand etwas schneller. Corinna zuckt und schüttelt lachend den Kopf.

»Nein, nur den Slip hat er gestreichelt, bis ich feucht wurde.«

Sie kichert erneut, nun klingt es aber viel lüsterner.

»Also hat er ihn dir auch nicht reingesteckt?«

David erkennt, wie die Hand tiefer hinunterrutscht und Corinnas Unterleib sich leicht verbiegt. Sie stöhnt und verdreht die Augen.

»Nein. Oh nein, hat er nicht«, presst sie hervor, während er sie noch schneller mit den Fingern massiert.

Igor lacht laut auf. »Du hast zu diesem Zeitpunkt bestimmt geglaubt, sie sei nun deine Freundin, stimmt's?«, fährt er David bissig an.

David traut sich nicht, eine Antwort zu geben. Aber Igor blickt ihn immer noch grimmig an und scheint auf die Antwort zu warten. Also nickt David kurz und Igor lacht laut und brutal.

»So, so, sie ist also deine Freundin!« Er lacht und reckt den Kopf zur Decke. »Dann schau jetzt her, wem deine Freundin einen bläst!« Sein Gesicht ist verzerrt, während er Corinna zum Bett schiebt.

Sie klettert drauf, sodass sie diagonal im Vierfüßlerstand auf der Matratze steht. So kann David ihren Hintern mit dem transparenten Slip, aber auch ihren Kopf, ihren Mund und die Zunge sehen, die nun schnell über die Eichel von Igor leckt. Dieser steht vor dem Bett und grinst ihn mit feurigem Blick an. Er nimmt den Kopf von Corinna in seine Pranken und schiebt ihn näher heran. David sieht, wie ihr Mund nach ihm schnappt, und kaum befindet sich dieser dicke Stamm drin, schließen sich schon ihre Lippen darum. Sie saugt und leckt daran, der Kopf schießt vor und zurück und die Haare fliegen umher. Igor wirkt wie ein Großkotz. Seine Hände hat er jetzt hinter dem Kopf verschränkt und grinst unglaublich breit und zufrieden.

In Davids Herz gibt es einen Stich. Aber gleichzeitig weicht die Angst, und Panik um seine eigene Gesundheit kommt auf.

Er blickt auf den Kopf und auf den Arsch von Corinna und wie sich ihr gesamter Körper bewegt.

»Du dachtest, dir würde sie einen blasen, stimmt's?« Igor lacht schallend und voller Häme.

Und plötzlich spürt David noch etwas. Ein sanftes Ziehen in seinen Hoden. Ein Kribbeln im Unterleib und wie sich sein Glied langsam mit Blut füllt.

»Aber sie bläst mir einen! Ja! Ja!«, feuert er sie an, bis er schlagartig sein Gesicht verzieht und die Luft anhält.

Seine Hände fliegen nach unten und pressen den Kopf fest gegen seinen Körper, der sich immer stärker anspannt. Ein Ruck und ein grunzendes Geräusch. Sein Gesicht verzieht sich wie unter Schmerzen. Die Halsmuskeln spannen sich an und die Adern werden deutlich sichtbar. Er lacht und atmet tief aus. Gleichzeitig blickt er mit zu Schlitzen geformten Augen David an.

»Und sie schluckt alles von mir!«, raunt er schwer atmend.

Sein Becken geht noch einige Male nach vorn, sein Schwanz gleitet in ihrem Mund, während ihr Kopf sich leicht drehend auf und ab bewegt. Er löst seine Hände von ihrem Kopf. Mit einem Schmatzen zieht sich Corinna zurück, blickt zu David und strahlt ihn an. Ihre Hand ergreift den noch immer großen, harten und feucht glänzenden Schwanz von Igor.

»Das war wieder total geil«, ruft sie aus und wichst den Ständer, dabei leckt sie sich die Lippen ab.

»Weißt du, David, Igor hat irgendwie so einen Komplex: Er muss sich immer mit anderen vergleichen. Ich denke, das ist so ein ›Männer-Ding‹. Du weißt schon, wer hat den Größten und so.« Sie lacht und schaut kurz auf den Monsterschwanz in ihrer Hand, bevor sie sich wieder David zudreht. »Aber ganz ehrlich, das ist der geilste und mächtigste Schwanz, den ich je gesehen habe.« Sie blickt auf den Schwanz von David, der nun etwas dicker geworden ist und leicht nach vorn steht. »Tja, tut mir leid, David, da kommt deiner echt nicht mit!« Sie lässt den Steifen los und geht vor David auf alle viere. »Du bist echt süß, und ich habe gern mit dir geknutscht. Es hat dir auch gefallen, dass ich deinen Schwanz gestreichelt habe, nicht wahr?«

David muss mit ansehen, wie sich Igor sein Shirt auszieht und seinen muskelbepackten Oberkörper präsentiert.

»So, mein Kleiner, jetzt zeige ich dir, wie ich mit deiner Freundin ficken werde. Und du siehst zu!«, sagt Igor.

Sein grimmiges Lachen versetzt David einen weiteren Schlag in den Magen. Gleichzeitig jedoch wird das Ziehen und Kribbeln stärker. Sein Schwanz zuckt kurz und schwillt weiter an. Er versteht es nicht.

»Als ich Igor kennenlernte, hatte ich einen Freund und wir waren auf einer Party«, erzählt Corinna.

Igor zieht sich die Hose aus und klettert zu Corinna auf das Bett. Er nimmt hinter ihr Aufstellung, und David muss zusehen, wie seine Pranken den transparenten Slip an den Hüften packen.

»Er sah mich, ging zu mir und ohne mich zu fragen, zog er mich auf die Tanzfläche. Er führt unglaublich gut, und ich fühlte mich bei ihm sicher und geborgen. Gleichzeitig fand ich es unglaublich sexy und aufregend. Er flüsterte mir ins Ohr, dass er mich jetzt gern vögeln würde und ich lachte, sagte, ich hätte einen Freund, aber er tat es einfach so ab.«

Die Hände von Igor ziehen ihr den Slip mit einem Ruck runter.

»Ich kürze es mal ab. Er vögelte mich an diesem Abend vor den Augen meines Freundes, was ihn total geil machte.«

Sie stöhnt auf und verdreht die Augen.

»Oh mein Gott. Ja, schieb ihn mir in die Fotze, Baby!«, ruft Corinna gedämpft und mit lüstern verzerrtem Gesicht.

Igor holt einmal aus und hämmert seinen Unterleib unglaublich schnell und hart nach vorn. Es klatscht laut, Corinnas Körper schießt nach vorn, sie schreit und reißt ihre Augen weit auf.

»Ja! Ja!«, ruft sie bei jedem Stoß und lacht David an. Oder aus?

»Ja, zeig meinem Freund hier, wie du seine Freundin fickst! Fester! Fester!«, brüllt sie und Igor nagelt sie immer schneller.

Dabei gibt er animalische Geräusche von sich, die nur von dem Klatschen der Körper übertönt werden. David verspürt keine Wut, keinen Hass, auch keine Peinlichkeit dieser Situation, ihm wird nur immer wärmer, das Ziehen in seinen Genitalien wird stärker und sein Schwanz stellt sich unaufhörlich weiter auf.

Bei jedem Ruck verzieht Corinna mehr und mehr ihr Gesicht wie unter Schmerzen. Doch plötzlich presst sie die Augen zusammen und reißt den Mund weit auf. Ihre Hände krallen sich in die Bettdecke unter ihr und ihr Rücken drückt sich durch.

»Oh Scheiße, ja! Ja!«, brüllt sie plötzlich und ihr Körper geht schlagartig in unkontrollierte Zuckungen über.

Ihr Becken schießt nach hinten, kippt, wippt und rammt sich vor und zurück. Ihre Arme knicken ein und ihr Kopf landet auf dem Kissen. Dort zuckt sie noch einige Male, bevor sie sich beruhigt und tief durchatmet. Ihr Körper bebt noch immer, als sie Igors Stimme vernimmt.

»Hey, Baby, schau doch mal, ich glaube, wir haben einen«, sagt er dumpf.

Still hat Igor gewartet, bis der Orgasmus bei Corinna nachgelassen hat. Diese hebt erschöpft den Kopf. Ihre Augen leuchten glücklich und zufrieden. Ihr Blick legt sich auf den Penis von David.

»Wow!«, haucht sie ungläubig, beginnt aber sofortbreit zu

lächeln. Ein Siegerlächeln!

David weiß nicht, wie ihm geschieht. Er hat einen Ständer! Und der pocht wie wild, zuckt und will zum Einsatz kommen. Er will gerieben, verwöhnt oder zumindest abgewichst werden. Er schreit danach, zu spritzen, sich zu entleeren oder einfach nur zu explodieren. Und das, obwohl die Frau, die er begehrt, soeben von einem anderen zum Höhepunkt gevögelt worden ist. Er versteht die Welt nicht mehr und fühlt sich total benommen. Nein, überfordert.

Igor bewegt sich etwas zurück, und kaum ist sein Schwanz der feuchten Grotte entglitten, schwingt er glänzend nach oben. David starrt auf dieses Monstrum von Schwanz, der eben noch dort war, wo er seinen gern hätte.

Igor packt seine Freundin und dreht sie wie eine Puppe herum, sodass sie lachend auf dem Rücken liegt. Sie überstreckt ihren Hals, sodass sie David anschauen kann. Gleichzeitig drückt sich Igor zwischen ihre Beine, stützt sich neben Corinnas Schultern ab, deren Hände sich, wie eine tausendfach durchgespielte Handlung, auf seine Taille legen.

Zunächst blickt David abwechselnd in beide Gesichter. Sie grinsen ihn hämisch, arrogant und überheblich an, was ihn noch viel mehr erregt. Seine Augen wandern zwischen den Körpern nach unten und er beobachtet fast schon ungläubig, wie sich dieser unglaublich lange und dicke Stamm zielsicher in die Muschi hineinbohrt. Er sieht sogar, wie die Schamlippen nach außen gedrückt werden. Corinna presst lüstern die Luft aus den Lungen und beginnt, augenblicklich laut zu stöhnen, als Igor ausholt und sie mit schnellen, kurzen Stößen zu ficken beginnt.

David hört beide keuchen, stöhnen und lachen. Schwer atmend lachen sie ihn aus. Die Augen glänzen dabei belustigt, was ihn noch geiler macht. Erst jetzt bemerkt er, dass auch sein Becken im Takt von Igors Bewegungen nach vorn schwingt. Nur dass er dort bis auf Luft nichts anderes zum Vögeln hat. Wie benommen starrt er auf den Stamm, der sich unglaublich schnell und hart in den Körper von seinem Schwarm hineinbohrt. Gleichzeitig sieht er aber auch, wie sich ihr Becken ihm entgegenwirft.

Corinna stöhnt nach einiger Zeit lauter, bewegt sich hektischer und hebt ihre Beine an. Die Füße zappeln wild herum, bis sie zu schreien beginnt. Ihr Gesicht verzerrt sich, während ihr Körper unter dem von Igor unkontrolliert zu zucken und zu rucken beginnt. Sie schreit noch ein paar Mal ihre Lust heraus, da klingt es langsam ab. In diesem Augenblick verzerrt Igor sein Gesicht. Er presst ein Grummeln heraus, beißt die Zähne zusammen und rammt sein Becken hart nach unten und verweilt dort. Seine Hals- und Nackenmuskeln sind hart angespannt, jede Ader ist zu sehen, da geht ein harter Ruck durch seinen Körper und er stößt einen animalischen Ton aus. Schwer atmet er durch und blickt mit Feuer in den Augen David an. Dieser sieht dessen Arsch noch zwei Mal zucken, dann entspannen sich beide Körper vor ihm. Das Paar atmet tief und erleichtert durch. Igor beugt sich zu Corinna runter, die ihm entgegenkommt, und sie küssen sich leidenschaftlich.

David steht noch immer gefesselt da und schaut zu, wie sich die zwei sich voneinander trennen und aufstehen. Lächelnd treten sie an ihn heran und lösen die Fesseln.

»Wusstest du schon, dass du ein Cuckold bist?«, fragt Corinna ihn und grinst.

David versteht nicht und starrt sie sprachlos an.

»Na einer, den es geil macht, wenn seine Alte von einem anderen gefickt wird«, erklärt Igor und lacht schallend.

In Davids Kopf dreht sich alles. Es stimmt. Es machte ihn geil, als er das gesehen hat. Und auch jetzt funken kurze Bildfetzen durch seinen blutarmen Schädel, die ihn noch stärker erregen: sein Schwanz in ihrer Muschi. Sie hält liebevoll seine Hand, während sie ihm einen bläst. Er holt beide ab und überlässt ihnen sein Auto, in dem Igor Corinna auf dem Beifahrersitz vögelt, und er schaut zu. Sein Schwanz zuckt noch stärker.

Igor löst gerade die Tücher an seinen Beinen, da tritt Corinna an David heran.

»Also normalerweise verschwinden die Männer an der Stelle immer wie ein Häufchen Elend.« Sie kichert leise. »Das kannst du jetzt natürlich auch machen, oder aber …«, sie holt tief Luft und blinzelt ihn verschwörerisch an, »… du legst dich jetzt dahin, wo ich gerade lag!« Verführerisch lächelt sie nun und lässt ihre Augenbrauen auf und ab tanzen.

David will fragen, warum er es machen soll. Oder auch, was dann passiert. Aber seine Stimme versagt, genauso wie sein Verstand. Nur sein Körper scheint noch zu funktionieren, denn wortlos setzt er einen Fuß vor den anderen, bis er beim Bett anstößt, draufklettert und schon wenige Sekunden später quer auf dem Bett liegt, nackt, mit einem Ständer, und die beiden grinsenden Gestalten anstarrt, die über ihm stehen.

»Prima!«, ruft Corinna aus.

Und bevor David überhaupt reagieren kann, schwingt sie sich mit ihrem Hintern auf sein Gesicht. Vor seinen Augen schwebt die feuchte Möse. Sie glänzt, wirkt ausgeleiert, und er sieht Spermatropfen daran kleben. Kurz wird ihm schlecht, aber ohne dass er seiner Zunge bewusst das Kommando gegeben hat, leckt sie nun langsam und genüsslich über die feuchte Ritze. Sein Ständer schmerzt und pulsiert wie verrückt.

»Oh ja, das ist gut«, hört er Corinna genießerisch flüstern.

»Leckt er gut?«, kommt der harte Tonfall von Igor.

»Oh ja. Sehr gut«, ist die Antwort.

David schiebt seine Zunge zwischen die Schamlippen, bis sein Mund anstößt. Corinna stöhnt laut auf und lacht lüstern.

»Was ist?«, möchte Igor wissen.

»Unser kleiner Cuckold schiebt mir gerade seine Zunge in die Fotze und leckt alles raus, was du eben reingespritzt hast.« Sie kichert.

Und David wird erst jetzt klar, was er da tut. Angewidert will er stoppen, aber er schmeckt nur den herben Saft ihrer Möse. Von dem Sperma spürt er nichts, aber allein der Gedanke daran erregt ihn noch stärker. Was ist nur los mit ihm?

Der Körper über ihm bewegt sich nun schneller und intensiver. Noch immer versucht er, die Zunge so tief wie möglich reinzuschieben.

»Oh Scheiße, ist das geil, so verdammt geil!«, presst Corinna heraus.

Dann verkrampft sich ihr Köper und David spürt den kurzen, harten Ruck und hört ihr zufriedenes, glückliches Stöhnen. Sie zuckt noch zwei Mal, bevor sie sich wieder entspannt.

»Hol mir den Cup!«, sagt sie schwer atmend.

In Davids eingeschränktem Blickfeld sieht er, wie Igor zum Nachttisch geht und dort etwas herausholt. Als er wieder bei ihm ist, zeigt er David einen länglichen schwarzen Gegenstand, der wie eine längliche Dose aussieht. An dessen oberen Ende befindet sich eine hautfarbene Vagina aus Latex. Ungläubig starrt David darauf, bevor Igor grinsend weitergeht.

Corinna bewegt sich weiterhin genüsslich auf seinem Gesicht. Davids Zunge leckt an allem, was er erreicht.

»Der ist so feucht, da brauchen wir gar kein Gleitmittel«, hört er Corinna sagen und kurz darauf kichern.

Er leckt, ohne nachzudenken, gerade an ihrem Kitzler, als

er spürt, wie eine Hand seinen Schwanz packt und ihm kurz darauf die Latexmöse überstülpt. David schließt die Augen und stöhnt seine Lust und Erregung heraus. Mit schnellen Bewegungen schiebt sich die Gummifotze auf und ab, reibt seinen Ständer, bewegt seine Vorhaut und bringt ihn unglaublich schnell zur Erlösung.

»Ja! Komm! Stell dir vor, das ist meine Fotze! Los, mein kleiner Cuckold, spritz ab! Spritz ab!«, feuert Corinna ihn an.

Und schon verspannen sich seine Muskeln, kurz darauf explodiert sein Schwanz. Er spritzt alles in den Cup, was er zu bieten hat, stöhnt dabei zufrieden und lächelt.

Kaum klingt es ab, will er ihre Möse zum Dank küssen, aber genau in diesem Augenblick erhebt sich Corinna und dreht sich zu ihm um.

»Gut gemacht, mein kleiner Cuckold!«, sagt sie zufrieden und öffnet den Cup, holt das Latex-Innenteil heraus und hält es mit der Öffnung über sein Gesicht.

»Los, mach deinen Mund auf!«, zischt sie grinsend.

Ihre Augen scheinen zu glühen, und Davids erster Gedanke ist, dass es nicht ihr Ernst sein kann. Erneut überkommt ihn Übelkeit, aber wieder reagiert sein Körper ohne seinen Verstand. Der Mund öffnet sich langsam und die Zunge schiebt sich heraus.

»Brav.« Sie kichert und quetscht das längliche Innenteil wie eine fast leere Zahnpastatube zusammen.

Weißes Sperma quillt zwischen den nachgemachten Schamlippen heraus und tropft in seinen Mund. Er schluckt es und bemerkt, wie diese Situation ihn erregt. Er versteht es noch immer nicht, aber sein eben noch schlaffer und erschöpft wirkender Schwanz stellt sich erneut auf.

»Ja, schluck deinen Saft!«, raunt sie zufrieden, und er spürt ihre Erregung ansteigen.

Corinna drückt die Latexnachbildung auf seinen Mund.

»Los, leck sie sauber!«, befiehlt sie heiser.

Seine Zunge leckt über den Latex und schiebt sich dazwischen.

Corinna lacht, aber auch Igor wirkt belustigt.

»Hey, der hat schon wieder einen Ständer!«, ruft er aus und zeigt auf den Steifen von David.

Auch Corinna wirft einen Blick darauf und nickt zufrieden.

»Du bist der Richtige für uns«, sagt sie.

»Lass dich noch mal lecken und dabei bläst du mir einen, Baby!«, schlägt Igor vor und steigt auf das Bett.

»Geile Idee!«, ruft Corinna und schwingt sich auf Davids Gesicht.

Der leckt sogleich los und hört über sich das Stöhnen und Schmatzen. Er sieht deutlich vor sich, wie Igors riesiger Schwanz im Mund von Corinna verschwindet und sie daran saugt und leckt. David schiebt seine Zunge, so tief es geht, in die weiche, heiße Muschi über ihm hinein.

»Oh, ist das geil. Ich will dich ficken!«, hört er einige Augenblicke später Igors russischen Akzent und spürt, wie sich die Matratze bewegt.

Kurz überlegt David, wie Corinna nun gevögelt wird, wie er zusehen muss. Vielleicht fesseln sie ihn erneut. Aber schon schwebt der Monsterschwanz vor seinem Gesicht und schiebt sich ohne Umschweife in die Muschi, die er eben noch geleckt hat. Igor schnaubt wie ein Stier, und Corinna stöhnt lüstern und vulgär über ihm. Unglaublich hart, schnell, fast schon brutal, rammt er ihr den Stamm in die Möse. Ihr Körper bewegt sich im Takt, fliegt vor und zurück und steht keine Sekunde mehr still.

David ist es egal, dass seine Zunge über den Kitzler, die Scham, aber auch über seinen verschmierten Schwanz leckt.

Er findet es nur geil. Sein Schwanz zuckt, und er stellt sich das hübsche, süße Gesicht von Corinna vor, in das er sich verliebt hat, nun aber von Lust verzerrt obszöne Töne herauspresst. Die Latexmöse schiebt sich wieder über seinen Ständer und bewegt sich im selben Takt wie der Schwanz über ihm.

»Ja! Ja!«, hört David die Worte und registriert erst Sekunden später, dass diese aus seinem Mund stammen.

Corinna holt ihm wieder mit dem Masturbations-Cup einen runter. Er leckt noch gieriger und schaut zu, wie Igor sie fickt. Schon zieht es in seinen Hoden unerträglich, seine Muskeln spannen sich an und er hält die Luft an. Ein heftiger Ruck und er spritzt ein zweites Mal in die Latexmöse hinein. Er hört Corinna lachen, was aber fast augenblicklich in ein gequältes Stöhnen übergeht. Ihr Körper bewegt sich zuckend und mit einem heftigen Ruck über ihm. Sie schreit ihren nächsten Orgasmus heraus.

Dieser klingt gerade ab, da rammt Igor seinen Schwanz bis zum Anschlag hinein. David glaubt, an der Wurzel eine kurze Dehnung zu erkennen, wenn er in ihr abspritzt.

Schwer atmend verweilen die drei einige Minuten in dieser Position, bis sich Igor seufzend zurückzieht. Sein Schwanz schrumpft, und kaum ist er aus der Möse draußen, läuft David das Sperma von Igor entgegen. Dieser presst seinen Mund gegen die Ritze und saugt alles in sich auf.

Nun ist es Corinna, die sinnlich seufzt und ihren Unterleib sanft kreisen lässt, bis David seinen Mund von ihr löst.

***

Knappe zwanzig Minuten später stehen die drei an der Wohnungstür. David blickt etwas verlegen und noch immer erhitzt auf die zwei Gestalten, die sich in Bademäntel gewickelt haben. Igor hält Corinna im Arm, die ein Handy in der Hand hält.

»Ich habe deine Telefonnummer auf der Anrufliste. Soll ich ihn in einen Kontakt umwandeln?«, fragt sie.

Im selben Moment schiebt Igor seine Hand von oben in den Ausschnitt des Bademantels und knetet sanft ihre Brust.

In David Kopf rattert es, ohne einen klaren, greifbaren Gedanken fassen zu können. Mit dem Kontakt wird sie ihn anrufen, da ist er sich sicher. Und dann? Erneut schießen wilde Bilder durch seinen Kopf. Er gefesselt an der Wand und die zwei vögeln vor ihm. Sie lachen ihn aus. Er muss Corinna lecken, während Igor sie fickt. Vielleicht spritzt er ihm das nächste Mal direkt in den Mund? Oder er muss ihn sogar blasen? David spürt bei so viel Erniedrigung und sexueller Abhängigkeit ein Ziehen in seinen Hoden und er nickt langsam.

»Prima!«, ruft Corinna und tippt wild auf dem Handy herum.

Igor grinst David arrogant und von oben herab an. »Ich werde deine Liebste nachher nochmals ficken. Sollen wir dich anrufen, damit du zuhören kannst?« Er grinst breit und schiebt den Bademantel so weit zur Seite, dass David die aufgestellte Brustwarze sehen kann.

David nickt.

»Super«, ruft Corinna und zeigt ihm ihr Handy, auf dem er nur ein Wort lesen kann.

Er schluckt.

***

Kurze Zeit später sitzt er in seinem Golf und kann es noch immer nicht fassen, was er eben erlebt hat.

Sie werden ihn nachher anrufen und er weiß, er wird sich einen runterholen, während er zuhört, wie Corinna gevögelt wird. Und er wird zu ihnen gehen, wenn sie ihn rufen. Da wird er zusehen und zuhören und natürlich alles machen, was sie ihm sagen. Sein Schwanz wird schon wieder hart.

Er startet den Motor. In diesem Augenblick erscheint wieder das Display vor seinen Augen, das ihm Corinna vor die Nase gehalten hat. In gelber Schrift erscheint der Name, den sie für den Kontakt eingetragen hat: »CUCKOLD«

MEINE FRAU GEHT FREMD UND MICH MACHT DAS GEIL

Carstens Frau Ilona ist soeben ins Badezimmer verschwunden und hat ihr Handy auf dem Küchentisch liegen lassen. Da er die Vase mit dem Blumenstrauß, den er ihr heute mitgebracht hat, genau in der Mitte platzieren will, schiebt er das Handy zur Seite und das Display erhellt sich. Es ist nicht gesperrt. Carsten überlegt, ob er etwas Nettes auf ihrem Handy hinterlegen soll, vielleicht ein Bild von ihm oder von beiden als Hintergrundbild? Er entscheidet sich, in die »Eigenschaften« von WhatsApp zu schreiben, dass sie die wundervollste Frau der Welt ist. Mit diesem Gedanken und einem breiten Lächeln auf den Lippen schnappt er sich das Handy, öffnet die App und erstarrt.

Ganz oben in der Liste steht eine Eins in Rot als Bild und daneben der Name T. S., direkt darunter der letzte Austausch: »Ich freue mich schon.«

Nun wird er neugierig. Normalerweise ist Carsten nicht eifersüchtig, auch respektiert er die Privatsphäre seiner Frau, mit der er nun schon über fünfzehn Jahre verheiratet ist. Aber er kann nicht anders, er muss den Kontakt einfach öffnen und seine Neugier befriedigen. Vielleicht redet er sich auch nur irgendetwas ein. Er tippt auf den Kontakt und sieht, dass die Kommunikation sehr rege ist und schon lange läuft.

Seine Augen fliegen über den Dialog vom heutigen Tag.

T. S.: »Alles gut?«

Ilona: »Klar, bei dir auch?«

T. S.: »Oh ja.«

Ilona: »Wie geht es Willi?«

T. S.: »Wieder ganz gut. Hat sich erholt nach deiner Behandlung.«

Ilona: »Prima. Denn heute Abend wird er wieder gebraucht!«

Heute Abend? Da will sie sich doch mit ihrer Kollegin Yvonne zu einem Kaffee treffen, überlegt Carsten. Ihm wird es ganz warm, nein, sogar heiß. Yvonne wird wohl kaum T. S. sein oder doch?

T. S.: »Das klappt schon. Hast du dich auch erholt?«

Ilona: »Ja, ich kann schon wieder geradeauslaufen.«

T. S.: »Hat er etwas gemerkt?«

Ilona: »Nein, der merkt nie etwas. Als ich nach Hause kam, saß er noch vor dem Fernseher. Ich sagte ihm, ich sei fertig und ging zum Duschen. Das hatte ich wirklich nötig.«

Carsten hält die Luft an und sein Herz setzt für eine Sekunde aus. Er erinnert sich an Donnerstag, zwei Tage zuvor. Ilona war angeblich beim Yoga, kam recht spät, erklärte, sie sei noch mit den anderen Frauen was Trinken gegangen und ging sofort unter die Dusche.

Er versucht, sich einzureden, dass dieser Dialog ganz harmlos sei und leicht zu erklären ist. Aber ganz tief ihn ihm spürt er die Zweifel und eine immer stärker werdende Anspannung.

T. S: »Wann kommst du heute Abend?«

Ilona: »Meinst du das erste oder letzte Mal? Hängt von dir ab. Aber wenn du wissen willst, wann ich bei dir bin, dann antworte ich mit 20:00 Uhr.«

Carsten hält die Luft an. Ungläubig starrt er mit großen Augen auf das Display. Das ist mehr als eindeutig. Die Anspannung in seinem Körper nimmt weiter zu.

T. S: »Ich kann es kaum erwarten.«

Ilona: »Nur du?«

T. S: »Ich und Willi.«

Ilona: »Ich freue mich schon.«

Carsten ist am Ende des heutigen Dialogs angekommen und blickt wie erstarrt auf das Display. In diesem Moment hört er im Badezimmer etwas klappern und schrickt zusammen. Schnell geht er zu seinem Laptop und öffnet WhatsApp dort. Sogleich erscheinen sämtliche Kontakte und Dialoge seiner Frau auf dem Bildschirm. Hastig legt er das Handy zurück auf den Tisch und wartet, bis seine Frau aus dem Badezimmer zurückkommt.

Nichts deutet bei ihr darauf hin, dass sie ihn betrügt, und er macht keine Anstalten, sie damit zu konfrontieren. Zuerst muss er absolute Sicherheit haben. Erst dann will er sich überlegen, wie sein weiteres Vorgehen ist. Vielleicht irrt er sich, vielleicht ist es nur eine kurze Affäre.

***

Der Tag verläuft harmonisch. Sie erzählt ihm, dass sie sich abends mit einer alten Freundin aus der Schulzeit treffen möchte. Ihr Name sei Yvonne und sie haben sich schon so lange nicht mehr gesehen. Carsten nickt nur und erklärt, dass heute ein Fußball-Länderspiel sei, das er sich anschauen würde.

Als sie die Küche aufräumt, setzt er sich im Arbeitszimmer an den Laptop und geht den WhatsApp-Dialog weiter durch. Es geht schon seit einigen Monaten so, und er erfährt erschreckende Dinge. Sie schreiben von dem »Willi«, der oft ganz schön hart zu seiner Umgebung ist. Gleichzeitig ist von einem »Kätzchen« die Rede, das nie genug bekommt, und immer wieder auf »Wurm-Jagd« geht. Ein Dialog erinnert ihn daran, dass er seine Frau vor einigen Wochen in einen Vorort gefahren hat, in dem mehrere große Wohnblöcke standen. Sie erzählte ihm, dass sie dort zu einer Tupperparty ginge. Nach vier Stunden holte er sie wieder ab. Sie hatte tatsächlich eine Schüssel mitgebracht, die es angeblich als Geschenk gab.

Den Texten kann er entnehmen, wie die zwei sich über ihn lustig gemacht haben und die Schüssel eine von ihm war. Sein Herz schlägt höher bei dem Gedanken, dass er seine eigene Frau zu ihrem Lover gefahren und später wieder abgeholt hat. Wie erniedrigend!

Ein anderes Mal fragte T. S. sie, wo sie sich treffen sollten. Sie antwortete mit einem: »Genau im V!«

In seiner Fantasie bildet sich sogleich ein Bild: seine Frau, nackt auf einem Bett, die Beine hochgestreckt und gespreizt. So bildet sie ein großes V und dazwischen liegt ein Mann, der mit seinem Becken schnell und hart in sie stößt. Carsten spürt bei diesen Gedanken eine unheimliche Anspannung, sogar eine gewisse Erregung, aber merkwürdigerweise kaum Wut.

***

Gegen halb sieben geht er ins Schlafzimmer und sieht seine Frau vorgebeugt, mit dem Hintern ihm zugestreckt, sich gerade schwarze Strümpfe anziehen. Sie trägt einen schwarzen String mit schönen Stickereien darauf, die ihn transparent wirken lassen. Dazu den passenden BH.

Carsten verschlägt es kurz den Atem, und er weiß, dass sie es für einen anderen Mann anzieht. Mit ihren zweiundvierzig Jahren behauptet sie immer, sie hätte zu viel Fett auf den Rippen, aber er findet ihre Figur unglaublich sexy. Schöne Rundungen und genug zum Greifen. Volle Brüste und einen geilen Arsch.

Ganz plötzlich ist da eine in den letzten Jahren selten erlebte Erregung in ihm, die sein Glied pochen und anwachsen lässt. Leise stellt er sich hinter sie, hält sanft ihre Hüften fest und drückt seinen Schoß gegen ihren Hintern.

»Wow, sieht das lecker aus!«, raunt er.

Ilona hingegen fährt schlagartig zusammen und vor Schreck hoch. »Hey, was soll das?« Sie lacht kurz gekünstelt, löst sich jedoch aus seinem lockeren Griff.

Er dreht sie herum, zieht sie mit den Händen zu sich. Breit grinst er sie an, während sein Ständer gegen ihren Bauch reibt.

»Da bekomme ich gleich Lust auf mehr«, flüstert er und grinst.

Sie jedoch verdreht nur die Augen. »Lass das! Dafür haben wir keine Zeit. Ich muss mich im Bad noch fertig machen und dann gehen«, erklärt sie ihm und löst sich von ihm.

Er steht nur da, hat einen Ständer und betrachtet seine Frau, wie sie den zweiten Strumpf anzieht. Anschließend folgen ein knielanger, eng anliegender Rock und eine weiße Bluse, durch die der BH leicht durchschimmert.

Ilona drückt sich an ihm vorbei und geht ins Badezimmer.

Carsten begibt sich ins Wohnzimmer. Seine Gedanken rasen. Sie zieht scharfe Sachen an, schminkt sich und trifft sich mit einem anderen. Er hat noch immer einen Ständer, als sie aus dem Badezimmer kommt. Die Haare sind gestylt, sie hat roten Lippenstift und jede Menge Make-up aufgetragen. Außerdem riecht sie unglaublich gut, nach dem süßlichen Parfüm, das er ihr zu Weihnachten geschenkt hat. Sein Parfüm! Mit dem sie zu einem anderen geht, ihn betört und sich von ihm vögeln lässt!

Er schüttelt den Gedanken ab, als sich seine Frau flüchtig von ihm verabschiedet und sogleich durch die Wohnungstür verschwindet.

Wie paralysiert sitzt Carsten noch eine Weile auf der Couch. Nun werden die Bilder etwas klarer. Seine Frau in der schwarzen Unterwäsche. Ein Mann, mit dem sie knutscht, lacht und ihn streichelt. Sie erzählt ihm, dass ihr Mann sie angemacht habe, als sie sich anzog. Er hatte plötzlich Lust auf sie. Er fragt, ob sie ihn gelassen hätte, und sie lacht schallend und schüttelt mit dem Kopf, als wäre es die dämlichste Frage aller Zeiten. Auch er lacht und fragt, ob er sie ausziehen dürfe. Sie nickt und bestätigt es mit einem: »Du immer.«

Vor Carstens Augen erscheinen Bilder von seiner Frau, wie T. S.' Hände den Slip ausziehen und seine Frau aufs Bett werfen. Sie liegt vor ihm, lachend und hebt die Beine an. Wie ein V, denkt sich Carsten, muss lächeln und spürt seinen Ständer gegen die Hose drücken.

Schnell geht er aufs Klo, wie so oft in den letzten Monaten. Wann hatte er das letzte Mal Sex mit seiner Frau? Vor zwei oder drei Monaten? Schnell ist die Hose runtergezogen und auf der Brille sitzend wichst er seinen Ständer. Er liegt in seiner Fantasie zwischen ihren Beinen und bumst sie. Sie lacht, stößt mit ihrem Unterleib nach oben und feuert ihn an.

»Tiefer! Tiefer! Schneller! Härter!«

Er spürt, wie er gleich so weit ist, schnappt sich etwas von dem Klopapier und hält es sich über seine Spitze. Dabei wichsen seine Finger noch schneller. Das Ziehen wird unerträglich und der Druck lässt ihn gleich explodieren.

In diesem Augenblick ändern sich die Bilder in seiner Vorstellung. Nicht er liegt auf seiner Frau. Nein, ein anderer Mann liegt dort. Seine Frau hat ihre Beine um ihn geschlungen und schreit: »Tiefer, fester, härter!«

Ilona lacht dabei und erklärt, dass es viel besser sei als mit ihrem Mann. In diesem Augenblick spritzt Carsten ab. Der Orgasmus ist viel intensiver als sonst und auch die Menge übertriff die anderen Male. Das Klopapier ist komplett getränkt und Tropfen seines Spermas fallen herab. Benommen sitzt er schwer atmend da und versucht zu verstehen, was eben passiert ist. Er dachte an seine Frau beim Fremdgehen, als er kam. Und nicht nur das, sie lachte ihn auch noch aus. Ihm wird ganz heiß und er schüttelt den Kopf. Was ist nur los mit ihm?

Er reißt sich zusammen und sitzt den restlichen Abend vor dem Fernseher und versucht, nicht an seine Frau zu denken.

***

Um kurz vor Mitternacht kommt Ilona nach Hause. Sie läuft unsicher und wirkt beschwipst. Aber er weiß, dass sie nichts trinkt, wenn sie mit dem Auto unterwegs ist.

»Hallo Schatz«, sagt sie freundlich und gibt ihm einen Kuss auf die Wange.

»Hallo Ilona. Na, wie war's?«

»Toll«, haucht sie fast schon sinnlich, und er spürt ein erneutes Kribbeln in seinem Schwanz, der sogleich etwas anschwillt.

Ilona verzieht sich ins Badezimmer. Er hört, wie sie duscht.

Eine knappe halbe Stunde später kommt sie heraus und trägt schon ihren Schlafanzug. Sofort verabschiedet sie sich ins Bett.

Carsten denkt noch eine Weile über die Situation nach, bevor er selbst ins Bett geht und in einen unruhigen Schlaf fällt.

***

In den nächsten Tagen ist alles ganz harmlos und wie immer. Sie lacht ihn an, sie redet normal mit ihm und macht Scherze. Auch umarmt und küsst sie ihn, so wie früher. Nur sobald er etwas intimer wird, blockt sie ab.

***

Drei Tage später sitzen sie auf der Couch und schauen sich einen Film an. Er streichelt zunächst ihren Schenkel, wandert etwas nach innen und nach oben. Bevor er an ihrem Schritt angelangt, schlägt sie ihm auf die Finger.

»Hey, was soll das? Ich will den Film sehen!« Sie lächelt zwar, aber der Tonfall verrät alles.

Carsten beobachtet alles an ihr. Jede Bemerkung, jede Bewegung und wie sie mit ihm spricht. Im passenden Moment schaut er in ihre WhatsApp-Nachrichten.

An einer Stelle liest er:

T. S.: »Wie geht es dem Kätzchen?«

Ilona: »Sehr gut. Und Willi?«

T. S: »Er langweilt sich und möchte mal wieder tauchen gehen.«

Ilona: »Tauchen?«

T. S.: »Klar. Du weißt doch, er mag es nass, vor allem in tiefen Grotten.«

Und an einer anderen Stelle liest Carsten:

Ilona: »Das Kätzchen würde mal wieder gern Milch trinken.«

T. S.: »Dann sollten wir sie so schnell wie möglich füttern.«

Ilona: »Wie wäre es in der Mittagspause?«

T. S.: »Gern. Wie immer?«

Ilona: »Ja.«

In der Mittagspause! Carsten wird es ganz schwummrig. Gleichzeitig verspürt er wieder dieses Ziehen in seiner Leistengegend. Ist T. S. vielleicht ein Kollege und sie gehen auf eine Toilette? Vor seinen Augen sitzt sie auf der Schüssel, ihr Rock hochgezogen, die Beine gegen die Wände der Kabine gedrückt. Vor ihr kniet ein Mann, der sie schnell und hart stößt.

Oder vielleicht im Archiv. Ilona erzählte ihm mal, wie sie in den Keller musste. Da war niemand. Sie war ganz allein und es war unheimlich. Vielleicht treffen sie sich dort, ganz hinten in einem dunklen Gang. Sie öffnet eine Akte und er kommt von hinten, hebt ihr Kleid an, zieht den Slip beiseite und schiebt ihr den Schwanz hinein.

Schon wieder hat Carsten einen Ständer, und er verdrängt die Gedanken an den Sex seiner Frau. Er blättert weiter in den Dialogen.

T. S: »Deine Lippen waren gestern wieder bezaubernd.«

Ilona: »Welche?«

T. S: »Alle vier.«

Ilona: »Sieht das Willi auch so?«

T. S.: »Willi findet sie unglaublich genial.«

Ilona: »Und ich finde Willi ganz schön spritzig.«

T. S.: »Ja, da musst du immer einiges einstecken und schlucken.«

Ilona: »Ich muss in meinem Leben sehr viel schlucken. Manches lieber und manches weniger lieb. Und bei den Sachen von Willi trifft Ersteres zu.«

Carsten glaubt nicht, was er eben gelesen hat. Am Anfang ihrer Beziehung sprachen sie über oralen Sex. Ilona lehnte dies kategorisch ab, fand es widerlich und erniedrigend für eine Frau. Sie würde so etwas niemals tun.

Seine Atmung ist schnell und flach. Sein Schwanz pulsiert schmerzhaft in seiner Hose und er steht schnell auf.

Nachdem er den Deckel seines Laptops geschlossen hat, eilt er aus dem Arbeitszimmer, lauscht kurz, hört seine Frau in der Küche hantieren und geht ins Badezimmer. Hinter sich verschließt er die Tür, zieht die Hose runter und beginnt, augenblicklich auf dem Klo zu wichsen. Vor seinen Augen erscheint seine Frau. Ihr Mund schließt sich um einen Schwanz. Die Lippen drücken ihn fest zusammen und schieben die Vorhaut hin und her. Ihre Augen strahlen ihn an. Sie lächelt und spielt mit der Zunge an der Eichel. Genauso, wie Carsten es in den Pornos immer sieht, die er heimlich anschaut. Der Schwanz im Mund seiner Frau zuckt und spritzt ab. Das Sperma flutet ihren Rachen und sie schluckt alles, so schnell es geht.

In diesem Moment kommt auch Carsten. Sein Sperma flutet das Klopapier, das er wie immer bereithält, und er stöhnt lüstern auf. Die Klinke der Tür wird runtergedrückt, aber die Tür geht nicht auf. Dafür klopft es.

»Hallo Carsten, alles in Ordnung?«

Carsten erschrickt und ist froh, dass er abgeschlossen hat.

»Ja, alles in Ordnung. Ich habe nur etwas Darmprobleme. Das ist alles.«

Ilona erkundigt sich noch, ob er Durchfall hat, aber er verneint. Es drückt nur gewaltig, das sei alles.

Anschließend bekommt er wieder einen klaren Kopf und ihm wird klar, dass es ihn erregt, wenn er sich vorstellt, wenn seine Frau ihn betrügt. Das ist doch nicht normal!

Er verlässt das Badezimmer und sitzt einige Minuten untätig vor seinem Laptop, bis er zum Anfang des Chat-Verlaufs scrollt. Der erste Eintrag ist knapp drei Monate alt.

T. S.: »Hi.«

Ilona: »Oh, hi. Schön, von dir zu hören.«

T. S.: »Ich fand es total nett mit dir in der Schlange beim Bäcker.«

Ilona: »Ich auch. Vor allem bei deiner Fantasie was Namen, Beschreibungen und auch Umschreibungen der Waren anging.«

Die nächsten paar Tage schrieben die zwei ganz unverfänglich, aber sehr belustigt hin und her, trafen sich offensichtlich immer wieder beim Bäcker und später auch zu einem Kaffee. Nach ungefähr zwei Wochen kamen zum ersten Mal die Begriff Willi und Kätzchen zur Sprache.

Ilona: »Und? Gestern noch mit Willi gespielt?«

T. S.: »Ja. Hast du das Kätzchen gestreichelt?«

Ilona: »Ja, es war sehr schön. Hat Willi das Spielen auch gefallen?«

T. S.: »Und wie. Ich sprach von dir und wir haben beide beim Spielen an dich gedacht.«

Ilona: »Das ist ja schön. Ich werde dem Kätzchen auch von dir und Willi berichten.«

Der Rest ist für Carsten belanglos. Aber ein paar Tage später findet er folgenden Dialog:

T. S.: »Danke für den schönen Moment gestern. Hast du

den Gruß an dein Kätzchen schon ausgerichtet?«

Ilona: »Nein, aber das mache ich gleich.«

Es dauert ein paar Sekunden, bis die nächste Nachricht verfasst wurde.

Ilona: »So, jetzt streichle ich das Kätzchen und grüß sie von dir. Was macht Willi?«

T. S.: »Oh, der steht gerade vor mir. Aber ihm ist kalt, daher muss ich ihn etwas warmreiben.«

Ilona: »Ja, mach das mal. Nicht, dass er sich erkältet und am Ende noch spucken muss.«

T. S.: »Das kommt schon mal vor.«

T. S.: »Hat das Kätzchen eigentlich ein schön kuscheliges Fell oder ist sie eher eine Sphinx, also komplett haarlos?«

Ilona: »Sie hat ein dichtes Fell. Die Sphinx sieht doch hässlich aus.«

T. S.: »Aber die fühlt sich unglaublich gut an. Musst du mal ausprobieren.«

Ilona: »Hat Willi eigentlich schon einen Bart?«

T. S.: »Ja, aber er rasiert sich fast täglich, also ist er glatt wie ein Babypopo.«

Der Dialog geht so weiter und am nächsten Tag findet Carsten folgenden Eintrag:

Ilona: »Ich habe jetzt eine Sphinx. Du hast recht, das fühlt sich tatsächlich total cool an. Ich habe sie gestern Abend noch lange gestreichelt.«

T. S.: »Warum hast du mir nicht Bescheid gegeben?«

Ilona: »Ich wollte es allein genießen. Außerdem war mein Zeh mal wieder in der Nähe.«

Carsten runzelt die Stirn. Zeh? Was den für ein Zeh? Er glaubt, sich an diesen Abend zu erinnern. Ilona sagte, sie wolle ein Bad nehmen und schloss sich ein. Das war ungewöhnlich für ihn und er fragte durch die Tür, ob alles in Ordnung sei.

Ob sie ihn meint? Aber warum dann »Zeh«? Da fällt Carsten ein, dass manchmal die Menschen nur mit dem Anfangsbuchstaben tituliert werden. Bei ihm ist es ein »C«. Und wie wird das ausgesprochen? So kann man auch geheime oder grundsätzlich Botschaften verschleiern.

Er muss tatsächlich kurz grinsen. Jedoch wird er beim Lesen der nächsten Dialoge der folgenden Tage wieder ernst. Anscheinend haben sie sich gegenseitig darüber informiert, wenn sie onanieren oder masturbieren. Auch sprechen sie davon, dass er gern mal das Kätzchen streicheln würde und Ilona mit Willi mitspielen möchte. Dann stockt Carsten der Atem. Eine knappe Woche später liest er Folgendes:

T. S.: »Das war gestern ein schöner Abend.«

Ilona: »Ja, fand ich auch.«

T. S.: »Hat es dem Kätzchen gefallen, wie ich es gestreichelt habe?«

Ilona: »Oh ja, sehr sogar. Aber jetzt will ich auch mal mit Willi spielen.«

T. S.: »Gern. Gestern wolle ich mich ganz dem Kätzchen widmen, daher blieb Willi zu Hause.«

Ilona: »Wann?«

T. S.: »Morgen?«

Ilona: »:-)«

Carsten stockt der Atem. Gleichzeitig verspürt er eine erneute Erregung in seiner Hose. Das nimmt er nun schon einfach so hin. Eigentlich sollte es ihn schockieren, wie seine Frau ganz offen mit einem Mann schreibt, dass sie seinen Willi, also, dass sie ihm einen runterholen möchte. Oder sogar noch mehr?

In den nächsten Tagen schreiben sie immer wieder über Willi, Kätzchen und auch hin und wieder über den Zeh. Auch entdeckt er einige Telefonate per WhatsApp, die unterschiedlich lange gingen. Sie scheinen es sich selbst, dem anderen einzeln und gleichzeitig zu besorgen.

Sein Schwanz schwillt weiter an.

Bei einem Dialog, drei Tage später stutzt er.

T. S.: »Hat dir die Katzenzunge gestern gefallen?«

Ilona: »Ja, sehr. Das Kätzchen war zwar anfangs etwas skeptisch, wurde aber schnell überzeugt.«

T. S.: »Das habe ich gemerkt. Ich liebe im Übrigen den Geschmack von Katzenzungen.«

Ilona: »:-)«

Der Schwanz in Carstens Hose pocht. Natürlich weiß Carsten, dass Katzenzungen normalerweise aus Schokolade bestehen und wie Hundeknochen aussehen. Aber hier liest er, dass seine Frau von einem anderen Mann geleckt worden ist. Und es hat ihr gefallen! Die nächsten Einträge erregen ihn noch stärker.

T. S.: »Willi bedankt sich für den Abschiedskuss, den du ihm gegeben hast.«

Ilona: »Immer wieder gern.«

T. S.: »Da freut sich Willi jetzt schon drauf.«

Ilona: »Möchte Willi mal mit dem Kätzchen spielen?«

T. S.: »Sehr gern sogar.«

Ilona: »Morgen?«

T. S.: »Geht leider nicht. Aber übermorgen?«

Ilona: »Ich werde kommen.«

T. S.: »Hoffentlich!«

Carsten springt auf und eilt ins Badezimmer. Während er dort wichst, schießen ihm wilde Bilder durch den Kopf. Seine Frau lädt einen anderen Mann zum Vögeln ein. Sie planen es regelrecht! Gibt es das? Er dachte immer, so etwas müsse spontan und einfach so passieren, abhängig von der Situation. Aber so vereinbart? Unglaublich!

Er kommt schnell, macht sich sauber und geht zurück zum Laptop. Dort springt er in den Dialogen drei Tage weiter.

Ilona: »Wie geht es Willi?«

T. S.: »Sehr gut, warum?«

Ilona: »Nun ja, ich wollte nur sichergehen, immerhin hat er gestern 3x gespuckt.«

T. S.: »Er hat sich gut erholt. Was macht das Kätzchen? Hat es gestern 4x oder 5x miaut?«

Ilona: »Mit der Katzenzunge 5x.«

Carsten blickt ungläubig auf den Bildschirm. Seine Frau ist fünf Mal gekommen? Das hat sie in den letzten sechs Monaten bei ihm nicht in Summe geschafft.

Wie benommen fliegt er über die nächsten Einträge. Die zwei haben sehr oft miteinander gevögelt. Damit es nicht auffällt, hat Ilona behauptet, sie würde zwei Mal die Woche einen Volkshochschulkurs besuchen. Carsten erinnert sich, wie seine Frau ihm eines Tages eröffnete, sie wolle Französisch lernen und habe einen Kurs gebucht. Jeden Dienstag und Donnerstag verließ sie abends die Wohnung und kam zu unterschiedlichen Zeiten nach Hause. Wenn es später wurde, behauptete sie, dass sie mit anderen Kursteilnehmern noch etwas trinken gegangen ist.

Die verbalen Ergüsse sind sehr fantasievoll. So schreiben sie auch über Fütterungszeiten des Kätzchens. Ilona erwähnt, dass sie am liebsten Milch hat und dieser T. S. erwähnt, dass er einen großen Vorrat davon besitzt. Vor Carstens geistigem Auge sieht er, wie Sperma auf den Unterleib von Ilona spritzt oder nach dem Sex aus ihrer Muschi herausläuft.

Die Spiele werden jedoch noch frivoler.

T. S.: »Dein Französisch wird immer besser.«

Ilona: »Danke, nur mit der Sprache hapert es noch etwas.«

Ilona: »Aber ich habe einen guten Lehrer.«

T. S.: »Und du bist sehr lernfähig.«

Um Carsten dreht sich plötzlich alles, gleichzeitig zuckt sein Glied und schwillt schon wieder an. Es ist unglaublich!

In seiner Vorstellung zeigt der fremde Mann seiner Frau, wie sie ihm einen blasen soll, wie fest sie ihre Lippen gegen den Stamm drücken, wie schnell, wie fest und an welcher Stelle ihre Zunge lecken soll. Seine Hand drückt ihren Kopf auf und ab, während sein Schwanz schmatzend in ihren Mund hineingleitet. Der Mund, der ihn, Carsten, später zur Begrüßung küsst.

Seine Augen fliegen weiter über die Dialoge, die immer offener und erregender werden.

Ilona: »Bisher dachte ich immer, dass Yin und Yang etwas Esoterisches ist.«

T. S.: »Tja, es steht für alles Mögliche: Frau, Mann, oben, unten und natürlich, wie das Ganze zusammenpasst.«

Ilona: »So wie Stecker und Dose. Oben und unten finde ich auch ganz gut.«

Zuerst versteht Carsten nicht, um was es hier geht. Zunächst schwebt das schwarz-weiße Kreissymbol vor seinen Augen. Plötzlich verschwimmt es und die »69« erscheint. Sofort kommt die Assoziation, und er sieht seine Frau kopfüber auf dem nackten Körper eines anderen Mannes. Beide machen es sich mit dem Mund. Sein Schwanz zuckt und wächst.

Carsten scrollt weiter, findet immer wieder Bezeichnungen, wie Sphinx, die für die rasierte Muschi seiner Frau steht, oder auch diesen Zeh, der oft als langweilig und störend dargestellt wird. Dann ist er am Ende.

T. S.: »Ich freue mich schon.«

Und plötzlich erscheint die nächste Nachricht.

Ilona: »Wie sieht es denn bei Willi morgen aus? Mein Zeh ist bis um 23 nicht da.«

Carstens Herz schlägt ihm bis zum Hals. Morgen ist Freitag, da geht er immer mit seinen Freunden zum Kegeln.

T. S.: »Das Kätzchen scheint nicht genug zu bekommen. Wie immer: bin um 19 h bei dir?«

Ilona: »:-)«

Carsten klappt den Deckel des Laptops zu. In seinem Kopf kreist es unglaublich schnell. Er atmet tief durch und die Ruhe kehrt zurück. Genauso verschwindet seine Erregung.

Seine Frau wird heute Abend mit diesem T. S. vögeln und morgen kommt er sogar hierher – und wie es sich anhörte, nicht zum ersten Mal. Seine Frau betrügt ihn in der eigenen Wohnung! Vielleicht sogar im eigenen Ehebett?

Erneut bekommt er einen Ständer. Er versteht es zwar nicht, macht sich aber keine Gedanken darüber. Er muss sich beruhigen.

Nachdem er wieder aus dem Badezimmer gekommen ist, verabschiedet sich gerade seine Frau zum Volkshochschulkurs.

»Viel Spaß«, wünscht er ihr, nachdem sie ihm einen Kuss auf den Mund gedrückt hat.

Diese Schlampe, denkt er, spielt aber den fröhlichen Ehemann.

Aber auch bei diesem Gedanken spürt er das Kribbeln und Ziehen in seinem Unterleib. Die sogleich aufpoppenden Bilder von seiner Frau mit gespreizten Beinen, nackt und beim Vögeln, schiebt er schnell zur Seite.

Er sitzt bis spät vor dem Fernseher. Ilona kommt gegen zweiundzwanzig Uhr, küsst ihn auf den Mund und verschwindet schnell im Badezimmer, um dort zu duschen.

***

Am nächsten Tag läuft alles wie gewohnt. Um achtzehn Uhr dreißig hat Carsten seine Sachen gepackt und verabschiedet sich von seiner Frau, um zum Kegeln zu fahren.

Von unterwegs ruft er seine Freunde an und teilt ihnen mit, dass es ihm heute nicht so gut geht und er nicht kommen wird. Er wartet bis neunzehn Uhr fünfzehn, bevor er das Haus, in dem er mit Ilona zusammen im zweiten Stock eine Wohnung hat, betritt.

Die Wohnungstür öffnet er ganz leise und schleicht in den Flur. Die Tür zum Wohnzimmer ist leicht geöffnet. Darin brennt Licht, er hört Gelächter. Er späht durch den Türspalt und erblickt seine Frau und einen ihm unbekannten Mann, der in ihrem Alter zu sein scheint. Beide sind nackt. Seine Frau sitzt auf der Couch, der Mann steht vor ihr. Sie hält seinen Schwanz in der offenen Hand und streichelt mit der anderen über die Oberseite.

»Und? Wie geht es dem kleinen Willi heute?«

»Er hat sich etwas verletzt.« Die Stimme des Mannes klingt gespielt hoch, wie von einem Kind.

»Oh? Tatsächlich. Dann muss ich wohl mit der Wunderpuste kommen und den Schmerz wegpusten.« Ilona lacht und beginnt, tatsächlich über den Steifen zu pusten.

»Und? Schon besser?«, fragt sie und blickt nach oben.

»Noch nicht so ganz. Ich denke, da musst du noch mehr machen«, antwortet der Mann mit dieser kindlichen Stimme.

Ilona beugt sich vor und küsst die Eichel. Kurz darauf kommt die Zunge heraus und leckt langsam und vorsichtig darüber.

»Ja, so ist es besser.« Die Stimme des Mannes klingt nun gelassener und entspannter.

Die Lippen schieben sich langsam über die Eichel, bewegen sich vor und zurück und gleiten jedes Mal noch weiter nach vorn. Zuerst verschwindet der Eichelkranz, anschließend der halbe Schwanz, bis ihre Lippen fast ganz bis zum Ende kommen. Ihr Kopf schwingt einige Male vor und zurück, bevor sie ihn wieder aus dem Mund entlässt. Grinsend blickt Ilona nach oben und reibt gemächlich den Stamm.

»Es ist toll, dass Willi sich immer rasiert. Was möchte er denn heute spielen, hm?«

»Wie wäre es, wenn du ihm eine französische Geschichte erzählst?«

»Gern.«

Und schon schnappen ihre Lippen nach dem Schwanz, gleiten auf und ab, während sie an ihm saugt und lutscht. Dabei gibt Ilona merkwürdige Geräusche von sich, die an gedämpfte, undeutliche Worte erinnern. Erzählt sie etwas, während sie ihm einen bläst?

Carsten wundert sich nur, betrachtet das Schauspiel und hat einen Ständer.

Der Mann stöhnt lauter und schon nach kurzer Zeit verspannt er sich. »Oh ja, eine tolle Geschichte, die sich gerade ihrem Höhepunkt nähert!«, ruft er gepresst, und Ilona saugt noch fester.

Carsten muss zusehen, wie das Becken des Mannes kurz zuckt, sein Körper zittert und er zufrieden seufzt. Ilona hingegen wirbelt mit dem Kopf kreisend vor ihm und lutscht schnell und leidenschaftlich an seinem Ständer, sodass er gar keine Zeit hat, kleiner zu werden.

Der gehörnte Ehemann verspürt ein unglaubliches Ziehen und Kribbeln in seinen Leisten. Seine Atmung ist gepresst, und er muss sich anstrengen, nicht die Aufmerksamkeit der beiden auf sich zu ziehen. Sanft, und wie zur Beruhigung, streicht seine Hand über die Hose.

Mit einem Kuss verabschiedet sich Ilona von dem Stab und lächelt den Mann süß an.

»Jetzt hat sich Willi aber ganz schön ausgekotzt.« Sie kichert und leckt sich über die Lippen. »Was machen wir jetzt?« Sie klingt aufgeregt, wie ein kleines Kind an Weihnachten.

»Wie wäre es mit einer Runde Katzenzungen?«

»Au ja!«, ruft sie überdreht, rutscht mit ihrem nackten Hintern auf die Kante des Sofas vor, lehnt sich weit zurück und spreizt ihre Beine.

Der Mann kniet sich dazwischen, streichelt die Schenkel und beginnt, sie von den Knien her abwechselnd nach oben zu küssen, bis er an ihrer Scham angelangt.

Carsten kann von seiner Position gerade noch sehen, wie seine Zunge schnell über die Scheide gleitet und immer wieder den Kitzler umkreist. Seine Frau beginnt mit einem herzhaften Seufzen, was aber schnell zu lüsternem Stöhnen und kurz darauf zu leidenschaftlichem Schreien wird. Es dauert nicht lange, da hat auch sie einen Orgasmus.

Als Nächstes will sie »Hoppe, Hoppe, Reiter« spielen und schwingt sich auf seinen Schoß. Dort singt er das Kinderlied und lässt sie hüpfen. Sie stöhnt erneut, bewegt ihr Becken im Takt seiner Beine und schon beim dritten Durchgang des Kinderreims hat sie ihren nächsten Höhepunkt.

Anschließend schlägt der Mann vor, dass sie »Bauernhof« spielen. Ilona ist hellauf begeistert und lehnt sich sogleich über die Sitzfläche der Couch und ruft, dass sie die Stute ist und er der Hengst.

Er besteigt sie von hinten, und während sein Unterleib schnell und hart zustößt, wiehert er sogar ein paar Mal, bis Ilona erneut wild zuckend einen Orgasmus bekommt.

Schwer atmend, und etwas erschöpft wirkend, lösen sich die zwei voneinander, und Ilona schlägt vor, dass sie eine esoterische Pause einlegen. Der Mann lacht, legt die Hände flach aufeinander, wie zum Gebet, und lässt mehrmals ein dumpfes »Ohm« vernehmen. So legt er sich vor der Couch auf den Teppichboden.

Auch Ilona nimmt die Hände in die Haltung, sagt ebenfalls mehrmals »Ohm« und legt sich langsam verkehrt herum auf ihn drauf. Seine Hände ergreifen ihren Arsch, ziehen ihn auseinander und kneten ihn, während sie seinen Schwanz mit der rechten Hand packt und ihren weit aufgerissenen Mund darüberstülpt. Nun machen sie es sich langsam, gemütlich und gefühlvoll gegenseitig mit dem Mund. Carsten schaut mindestens zehn Minuten zu, bis seine Frau etwas hektischer wird. Ihr Körper beginnt zu beben und zu zittern, um kurz darauf mit einem harten Ruck den nächsten Orgasmus zu bekommen. Sie stöhnt und atmet tief durch. Aber kaum hat sie sich beruhigt, bläst sie den Ständer weiter, nun schneller, fester, leidenschaftlicher, sodass auch der Mann in kurzer Zeit abspritzt. Sie saugt, leckt, lutscht und schluckt ganz schnell und sorgt dafür, dass er nicht kleiner wird. Dann steht Carstens Frau auf und strahlt den Mann an.

»Ich glaube, Willi will noch etwas mit dem Kätzchen spielen«, raunt sie lüstern und setzt sich breitbeinig auf die Kante der Couch.

Der Mann kniet vor ihr und beginnt, mit seinem Ständer über den Kitzler und die Schamlippen zu gleiten.

»Streichelt Willi das Kätzchen gut?«, will er grinsend wissen.

Ilona nickt. »Oh ja. Sehr gut sogar!« Sie kichert angestrengt und bewegt gleichzeitig ihr Becken auf und ab.

»Und jetzt ist Fütterungszeit! Kätzchen ist hungrig und will ihre Milch haben!«, sagt sie wie ein kleines Kind.

Der Mann nickt und beginnt, seinen Schwanz vor ihrer Muschi zu wichsen.

Carsten kann es nicht so gut sehen. Sein Schwanz pocht schmerzhaft in der Hose. Er streckt sich etwas, um mit dem Kopf höher zu kommen. Auf den Zehenspitzen stehend sieht er gerade, wie der Mann seinen Schwanz zwei Mal kurz in die

Möse schiebt und anschließend wieder wichst, die Spitze auf den Kitzler seiner Frau gerichtet.

Da verliert Carsten das Gleichgewicht und fällt gegen die Tür. Diese schwingt sogleich auf und er torkelt ins Wohnzimmer. Ilona und der Mann schrecken zusammen und blicken ihn mit großen Augen an.

»Carsten!«, ruft sie und läuft rot an.

Vor Schreck verdeckt sie ihre Brüste mit den Armen und versucht, ihre Beine zusammenzupressen, aber der Körper des fremden Mannes steckt dazwischen.

»Es ist nicht so, wie es aussieht«, ergänzt sie sogleich.

Carsten muss ungewollt lachen. Das ist der blödeste Spruch, den es in einer solchen Situation nur geben kann. Mit schnellen Schritten ist er neben den beiden bei der Couch.

»Ach ja? Du meinst, da steckt nicht gerade ein fremder Penis in deiner Vagina?« Er drückt gegen das Becken des Mannes, sodass sein Ständer in die Muschi seiner Frau hineingleitet. Dabei zischt er in dessen Ohr. »Los! Fick sie weiter!«

Carsten blickt zu seiner Frau, die mit traurigem Blick auf der Couch liegt und bei jedem Stoß des Mannes etwas vor- und zurückgeschoben wird.

»Carsten, lass es mich erklären!«, beginnt sie weinerlich.

Die Hand ihres Ehemanns beschleunigt das Pumpen gegen den Rücken und der Schwanz dringt schneller in sie ein.

»Dein Mann hat einen Ständer«, sagt der fremde Mann.

Und erst jetzt bemerkt Carsten, dass dieser T. S. auf seine Hose starrt. Ein dunkler Fleck und eine ordentliche Beule sind nicht zu übersehen.

»Was?« Ilona blickt erstaunt auf die Hose ihres Mannes und kann nicht fassen, was sie dort sieht.

»Ich glaube, er ist ein Cuckold!«, erklärt T. S., der nun seinen eigenen Rhythmus gefunden hat und Ilona vögelt.

»Was?«, wiederholt sie, vollkommen neben der Spur.

»Das ist sein Fetisch. Es macht ihn geil, zuzusehen, wie seine Frau gevögelt wird«, sagt er schwer atmend und lächelt Carsten besänftigend an.

Nicht nur Zusehen, denkt Carsten und erinnert sich an die Geschichten auf dem Handy seiner Frau, sagt aber nichts.

»Was?« Ilona kann anscheinend gar nichts anderes mehr sagen.

Durch die erhöhte Wucht der Stöße hält sie sich am Rand der Couch fest. Ihre Brüste schwingen dabei vor und zurück.

»Cock... wie? Alter Hahn?«, fragt sie verwundert.

T. S. lacht amüsiert, vögelt sie jedoch gleichmäßig weiter.

»Alter Hahn ist nicht schlecht. Können wir vielleicht in unser Spiel einbauen. Aber eigentlich bedeutet es ›Hahnrei‹, oder ein Mann, der betrogen wird. Nur, dass es ihn geil macht.«

Etwas verlegen steht nun Carsten da, während seine Frau und der andere Mann ihn neugierig betrachten.

Der fremde Mann erklärt Carsten, dass Ilona und er demselben Fetisch unterliegen. Es macht sie an, wenn der Sex in irgendwelche Geschichten gepackt ist, es witzig umschrieben ist oder wenn damit sogar Rollenspiele betrieben werden. Und er erzählt, wie Ilona sich darüber ausgelassen hat, dass Carsten immer so direkt war, was ihr gar nicht gefallen hat. So kamen sie zusammen. Eigentlich war es nur ein Spiel, aus dem sexuelle Leidenschaft wurde. Aber auch nicht mehr.

»Hol ihm seinen Willi raus!«, endet seine Ansprache.

Ilona öffnet zögernd die Hose von Carsten, holt seinen Ständer raus und beginnt zu wichsen.

»Blas ihn mir!«, bittet Carsten, erntet jedoch sogleich einen vernichtenden Blick von T. S., aber der hat schon die richtigen Worte parat.

»Spiel doch bitte die Flöte deines Hähnchens!«, sagt er liebevoll und stößt seinen Schwanz etwas härter nach vorn.

Ilona grinst breit, packt den Ständer und zieht ihn samt Carsten auf die Couch. Ihre Lippen legen sich um seinen Ständer und sie beginnt langsam, aber immer schneller werdend, seinen Ständer zu lutschen.

Carsten verdreht die Augen, und es dauert nicht lange, da spritzt er schon ab. Seine Frau lutscht ihn sauber. Er zieht sich etwas zurück, beobachtet aber weiterhin die zwei auf der Couch beim Vögeln und ihren Spielchen.

»Deine Frau ist gut zu vögeln. Besonders zu Hähnchen«, sagt der fremde Mann.

Gerade nimmt er Ilona wieder von hinten, und nun muss sogar Carsten lachen. Sein Glied schwillt erneut an.

Die Spiele gehen weiter, und die zwei vögeln noch in ein paar anderen Stellungen. Das erregt Carsten so sehr, dass er wieder mitmachen will. Der fremde Mann führt die Geschichte, aber Carsten darf seine Frau seit Langem mal wieder vögeln, bis beide kommen. Das Ganze dauert noch eine Stunde, bis alle drei erschöpft auf der Couch liegen und glücklich lächeln.

Ilona beugt sich zu Carsten rüber und küsst seinen Mund. Es macht ihm nichts aus, dass ihr Mund mehrmals sein und das Sperma des anderen geschluckt hat. Sie löst sich von ihm, blickt ihm tief in die Augen und lächelt.

»Du bist ein süßer Cuckold!«

Erniedrigt von meiner Frau

»Oh mein Gott!«, schreit Resa wie in wilder Panik.

Joe zuckt zusammen und fährt herum. Er erkennt seine Frau und erstarrt. Sein Gesicht läuft knallrot an.

»Resa? Was … was machst du denn hier? Ich dachte, du kommst erst in vier Stunden von dem Seminar zurück!« Mit großen Augen starrt er seine Frau, die mit richtigem Namen Theresa heißt, verdattert an.

»Ja, so war es geplant. Aber der Dozent ist erkrankt und so machte er schon kurz vor Mittag Schluss. Drago war so nett und hat mich nach Hause gefahren.« Fassungslosigkeit steht in ihrem Gesicht, während sie kraftlos die Worte formuliert.

Sie steht eindeutig unter Schock. Ihre Augen wandern vom Kopf ihres Mannes Joachim abwärts bis zu den Füßen. Diese stecken in ihren weißen Socken mit roten Punkten. Darüber trägt ihr Mann das durchgeknöpfte Kleid aus grünem Leinen-Mix mit verstellbaren Spaghettiträgern. Das hatte er ihr erst vor Kurzem geschenkt. Auch trägt er ihren Lippenstift. Sein gesamtes Gesicht ist dunkelrot angelaufen.

Beide stehen unter Schock.

»Oh mein Gott!«, wiederholt sie ihre Worte, gesättigt von totaler Fassungslosigkeit.

Aber diese scheint sie schnell wieder zu erlangen. Bevor er noch etwas sagen kann, zieht sie aus ihrer Handtasche das Handy und drückt eine Kurzwahl.

»Resa, bitte, lass es mich erklären!«, sagt er und geht auf sie zu.

Resa jedoch hebt abwehrend die linke Hand und weicht zurück.

»Drago? Kannst du bitte sofort umkehren und mich abholen.« Sie schreit es fast schon vor Panik ins Telefon, lauscht einen Moment und redet anschließend weiter. »Ja bitte. Es ist … es ist dringend.«

Ihr Blick wandert den Aufzug ihres Mannes auf und ab. Dann legt sie auf. »Bleib mir vom Leib!«, haucht sie mit weit aufgerissenen Augen, als ob der Teufel höchst persönlich vor ihr stehen würde.

»Bitte, beruhige dich. Es ist nicht so, wie es scheint«, sagt er und hebt die Hände. Er macht einen Schritt nach vorn.

Sie macht einen zurück. »Bleib stehen!«, fährt sie ihn an.

Joe bleibt stehen und wedelt mit den Händen. »Bitte, bleib ruhig!« Verlegen beißt er sich auf die Unterlippe. »Ich weiß, das muss für dich extrem verwirrend sein. Vermutlich denkst du, ich sei ein Transgender oder fühle mich als Frau. Aber so ist das nicht.« Ein Flehen liegt in seiner Stimme.

Er versucht, sich ihr zu nähern, aber sie hebt ihre Hand weiter.

»Bleib stehen!«, herrscht sie ihn an.

Er macht den Schritt rückgängig. »Bitte, hör mir zu! Ich … ich …«, versucht er es stammelnd.

Da klingelt es.

Resa wendet sich ab und rennt durch den Flur, aber gerade als sie die Wohnungstür öffnen möchte, hat Joe sie erreicht und drückt sie wieder zu. Sie schafft es gerade noch, den Türöffner zu betätigen, sodass Drago zumindest ins Haus kommt. Jetzt muss er nur noch zwei Stockwerke überwinden. Überraschend schnell klopft es hinter ihr, bevor Joe nochmals etwas sagen kann.

»Wenn du nicht sofort die Tür freigibst, schreie ich um Hilfe und Drago wird die Polizei verständigen. Die werden dann die Tür aufbrechen«, zischt sie, noch immer in Panik.

Das reicht Joe. Er tritt zwei Schritte zurück und hebt erneut beruhigend die Hände.

»Okay, aber lass uns bitte darüber sprechen, weil …«

Er kommt nicht weiter, denn Resa reißt die Tür auf und rennt in die Arme von Drago.

Er ist ein Kroate, fast genauso alt wie Resa und Joe, und seit Langem ein Arbeitskollege von Resa. Joe war immer der Ansicht, dass der Typ mehr als nur Freundschaft zu seiner Frau sucht, aber diese hat das immer bestritten. Nun muss Joe zusehen, wie seine Frau zitternd in den starken, muskulösen Armen von Drago Schutz sucht, was bei diesem ein zufriedenes

Lächeln auslöst. Aber nur kurz, denn nun entdeckt er Joe in seinem Aufzug. Verblüfft starrt er ihn an.

»Was geht denn hier ab?«, fragt er belustigt, nachdem die Schrecksekunde vorüber ist.

»Mein Mann, er ... er ... ist wohl verrückt«, stammelt Resa.

Drago runzelt die Stirn, während er weiterhin Joe mustert.

»Lass uns gehen! Sofort. Bitte. Bitte!«, fleht sie ihn an.

Aber Drago schüttelt nur den Kopf. Ob es wegen ihrer Bitte oder des Aussehens des Ehemanns ist, kann Joe nicht sagen, nur dass Drago das Ganze witzig zu finden scheint. Denn er grinst und schiebt Resa in die Wohnung, schließt hinter ihnen die Tür und streichelt Resa über den Kopf.

»Wo willst du denn hin?«, fragt er sachte.

»Egal. Nur weg von hier ... von ihm!«, stammelt sie und traut sich nicht, ihren Ehemann anzuschauen.

Ganz im Gegensatz zu Drago. Den amüsiert das Ganze immer mehr. »Lass uns doch mal in euer Wohnzimmer gehen und darüber sprechen, ja?« Wie ein väterlicher Freund klingen er.

Zunächst ziert sich Resa, aber gegen die Muskelkraft von Drago kommt sie nicht an.

Vor ihnen geht Joe mit gesenktem Kopf rückwärts ins Wohnzimmer und bleibt dort in der Mitte stehen, während Drago mit Resa auf der Couch Platz nimmt.

Dieser wendet sich an Joe. »Also, was ist hier los?«

Joes Kopf läuft wieder rot an und er blickt zu Boden.

Drago präzisiert die Frage: »Warum trägst du Frauenkleider?«

Wieder keine Antwort.

»Fühlst du dich als Frau im Körper des Mannes gefangen?«

Kein Hohn, kein Spott, alles ernst gemeinte Fragen – fast schon mitfühlend, wie es Joe erscheint – und er fasst Vertrauen. Was bleibt ihm auch anderes übrig? Er schluckt.

»Also ... Ich ... Es erregt mich, wenn ich Frauenkleider

trage. Das heißt nicht, dass ich mich als Frau fühle oder mich sogar operieren lassen möchte. Es ist … Es ist nur … hach …« Er stößt voller Verzweiflung die Luft aus den Lungen und winkt ab.

»Das heißt, du bist ein Crossdresser?«, fragt Drago.

Resa und Joe starren ihn verwundert an. Offensichtlich fangen beide nichts mit diesem Begriff an, also erklärt Drago ihn.

»Ein Crossdresser ist eine Person, die sich gern andersgeschlechtliche Kleidung überzieht. Oft sind es bei Männern Transvestiten, aber es gibt auch die Fälle, dass es die Person einfach nur erregt. Das gibt es im Übrigen bei Männern als auch bei Frauen. Also, alles halb so wild«, erklärt er und macht eine Pause. Aber plötzlich fängt er schallend an zu lachen. »Aber ich habe noch nie einen gesehen …« Er lacht weiter und krümmt sich auf der Couch. »Und dass es auch noch dein Ehemann ist … zu komisch.« Er schlägt sich auf den Oberschenkel.

Joe versinkt vor Scham und blickt zu Boden. In Resas Augen steht pure Verwunderung. Sie ist mit der Situation total überfordert, aber froh, dass es wohl nicht so schlimm ist und dass sie Drago an ihrer Seite hat, der sie unterstützt.

»Wenn ich das morgen in der Firma erzähle …« Er bekommt einen weiteren Lachanfall.

Resa erschrickt. »Untersteh dich!« Sie boxt ihn. »Du wirst keinem etwas sagen, klar?«, faucht sie nun.

Drago beruhigt sich. »Okay, okay, keine Panik. Also, was machen wir jetzt mit ihm? Bist du sicher, dass er nur ein Crossdresser ist und nicht ein Transvestit, der sich für eine Frau hält? Schätzchen, auch hier darfst du nicht alles über einen Kamm scheren. Da gibt es Unterschiede, aber ich weiß, was du meinst. Ist er noch dein Mann oder deine Pussy …« Erneut lacht er schallend los und schlägt sich aufs Knie.

Verlegen, verwundert und unsicher sitzt Resa neben ihm und weiß nicht, wie sie reagieren soll. »Ja, verdammt. Genau das will ich wissen«, schreit sie in ihrer Not heraus.

Drago wird ruhiger. »Hm, okay. Ich glaube, ich weiß, wie wir das feststellen können.« Er wendet sich an Joe. »Zieh das Kleid aus!«

Der Angesprochene starrt ihn mit großen Augen an. Resa ebenfalls, nur von der Seite. Joe rührt sich nicht.

»Los, zieh das Kleid aus, oder ...«, er zückt schnell sein Handy und bevor Joe reagieren kann, macht Drago ein paar Fotos, »... ich schicke diese Bilder ins Internet.« Er grinst böse.

Mit zusammengekniffenen Lippen öffnet Joe den obersten Knopf des grünen Kleides.

»Hey, sei nicht so sauer! Ich tue euch beiden einen Gefallen und versuche, euch einander wieder näher zu bringen.«

Es folgen zwei weitere Knöpfe.

»Ich glaube tatsächlich, dass es dich geil macht. Das werden wir gleich sehen.« Er grinst, während Joe das Kleid weiter öffnet.

Schon zeigt sich ein weißer Slip, und kaum ist der unterste Knopf offen, streift Joe zögernd das Kleid ab. Nun steht er nur noch mit einem weißen Hipster da, der aus einem transparenten Stoff besteht. Sein halb erregter Penis liegt linksliegend darin und beult ihn aus. Durch das Material ist er gut erkennbar.

Drago pfeift anerkennend. »Wow, so heiße Sachen trägst du?«

Er blickt zu Resa und mustert ihre Kleidung. Sie trägt heute einen schwarzen Pullover und darunter einen karierten Minirock, der eng anliegt.

»Oder ist das gar nicht von dir?«, fragt er provozierend.

»Doch, ist es!«, gibt Resa zähneknirschend zu.

Sogleich macht Drago noch ein Foto und lacht. »Tja, eigentlich hatte ich erwartet, dass du einen Ständer hast, aber vielleicht ist dein kleiner Mann nur etwas demotiviert, weil dich deine Frau erwischt hat. Kann das sein?« Drago spielt nun mit Joe. Seine Worte klingen arrogant und hochnäsig.

Joe antwortet nicht.

»Aber vielleicht muss die Wäsche getragen sein?«

Joe zuckt leicht zusammen, was bei Drago einen erneuten Lachanfall auslöst.

»Ha, dachte ich mir doch.« Er wendet sich an Resa. »Komm, zieh deinen Slip aus und gib ihn deinem Mann!«

Resa starrt ihn ungläubig an. »Spinnst du?«

Aber Drago hebt nur achselzuckend die Hände. »Hey, ich will euch nur helfen. Dir will ich zeigen, dass dein Mann nicht zum anderen Ufer gewechselt ist, sondern nur geil wird, wenn er deine Wäsche trägt. Und ihm will ich helfen, indem du ihn besser verstehst. Ich kann aber auch gehen.« Er packt demonstrativ das Handy ein, auf dem die Bilder ihres Mannes sind und die womöglich morgen in der Firma gezeigt werden. Ihre Karriere wäre beendet. Kein Mensch würde sie für voll nehmen und sie würden hinter ihrem Rücken alle kichern. Resa schluckt und schiebt ihren engen Rock höher.

»Aber du musst wegschauen«, sagt sie schnell, ohne auf die Idee zu kommen, sich in einem anderen Raum des Slips zu entledigen.

»Ja, ja, ich schaue schon weg. Und falls du auf die Idee kommen solltest, aus eurem Wäschekorb eine Unterhose zu holen, muss ich dich enttäuschen. Die muss noch warm sein.« Er kichert und zwinkert Joe zu, der erneut betroffen zusammenzuckt.

»Komm, dreh dich mal, ich will sehen, was deine Frau für heiße Wäsche im Schrank hat.« Er kichert.

Joe dreht sich einmal um die eigene Achse. Dabei präsentiert er seinen Hintern, der knackig durch den transparenten Stoff durchschimmert.

»Wow, ist der geil.« Drago ist richtiggehend begeistert, während Resa mühevoll versucht, den Slip unter ihrem engen Rock hervorzuziehen.

»Es geht nicht«, stammelt sie und schaut Drago trotzig an.

Der karierte Rock ist fast bis nach oben geschoben. Sie hat sich extra hingestellt und Drago kann etwas Schwarzes darunter hervorblitzen sehen.

»Okay, zeig mir den Slip, den du gerade trägst, dann kannst du rausgehen und ihn ausziehen. Anschließend gibst du ihn deinem Mann, einverstanden?«

»Warum muss ich ihn dir vorher zeigen?«, fragt sie unsicher.

»Na, damit ich weiß, dass du nicht mit irgendeinem anderen Teil ankommst. Und vor allem, weiß das auch dein Mann!« Er kichert leise und blickt verschmitzt zu Joe, der vor Scham die Lippen zusammenpresst.

Resa überlegt kurz, nickt und zieht ihren Rock noch weiter nach oben. Vor Drago erscheint ein schwarzer Slip, komplett aus feiner Spitze.

»Wow, so ein geiles Teil hast du getragen, als du neben mir im Auto saßt?« Seine Augen leuchten und irgendwie gefällt das Resa.

Sie nickt und drückt mal das linke, mal das rechte Bein durch.

»Dreh dich mal!«, haucht er.

Resa dreht sich einmal um dreihundertsechzig Grad. Auf halbem Weg präsentiert sie Drago den knappen String, der hinten ebenfalls aus Spitze besteht.

»Der Wahnsinn«, haucht Drago und kann sich nicht sattsehen.

»Okay, mein hilfreicher Freund, dann ziehe ich ihn mal aus«, kündigt Resa den nächsten Schritt an.

»Sehr gern«, antwortet er lüstern und strahlt sie an.

»Nein, mein Lieber, das mache ich draußen.«

Bei seinem nun dargebotenen Gesicht voller Enttäuschung muss Resa lachen. Sie geht schnell in die Küche, zieht den Slip runter und richtet den Rock wieder so, wie er sich gehört. Den Slip mit dem Zeigefinger drehend, erscheint sie wieder im Wohnzimmer.

»Okay, Joe. Zieh ihn aus und den da an!« Drago zeigt auf den Slip in den Fingern seiner Ehefrau. »Ich will sehen, wie du deinen Sack und den Schwanz da reinzwängst.«

Unter Dragos Lachen zieht Joe den weißen Hipster runter und greift nach dem schwarzen String. Nun lacht sogar seine Frau mit der Hand vor dem Mund. Sein Schwanz schwillt an, was Joe in diesem Moment gar nicht brauchen kann.

»Komm her, Resa, dann können wir die Show gemeinsam genießen!«, sagt Drago und winkt sie zu sich.

Sie setzt sich neben ihn auf die Couch.

Langsam zieht Joe den knappen Slip hoch und zwängt seine Genitalien hinein. Dadurch animiert, schwillt sein Schwanz noch weiter an und zuckt, als Drago und seine Frau bei dem Anblick der herausquellenden Eier links und rechts vom Stoff und der oben herauslugenden Eichel, schallend weiterlachen. Verlegen steht er mit hochrotem Kopf da und weiß nicht, was er tun soll. Es ist alles unglaublich erniedrigend, zugleich aber auch erregend. Sein Schwanz pocht in dem knappen Slip.

»Komm, dreh dich mal um, kleine Pussy!«, ruft Drago belustigt und Resa stimmt lachend mit ein.

Langsam dreht sich Joe vor ihnen. Diese Erniedrigung erregt ihn noch mehr.

»Hey, Joe, du bist eine richtig geile kleine Pussy. Gut, dass ihr beide ungefähr gleich groß seid, sonst hättest du mit ihren Klamotten echte Probleme.« Er kichert und wendet sich an Resa. »Na, wie findest du deine männliche Pussy? Steht ihr der Slip?«

Resa kann sich bei dem Anblick kaum halten und lacht schallend, während sie nickt.

»Aber weißt du, was noch fehlt?«, fragt Drago. »Er soll noch deinen BH anziehen. Du trägst doch einen, oder?«

»Ja, schon«, sagt Resa etwas unsicher.

Aber nach einem kurzen Blick zu ihrem Mann und einem erneuten Kichern greift sie unter ihren Pullover an den Rücken und bemüht sich, den Verschluss des BHs zu öffnen.

»Warte, ich helfe dir!«

Drago greift von hinten unter den Pullover und verscheucht ihre Finger. Geübt öffnet er die drei Hakenverschlüsse und sie zieht den schwarzen BH darunter hervor.

»Uuuh, der ist ja trägerlos. Echt heiß, Resa«, lobt Drago, was ein zufriedenes Grinsen bei ihr auslöst.

Sie wirft den BH ihrem Mann zu. Dieser fängt ihn und verschließt ihn vor seiner Brust, dreht ihn anschließend herum, sodass der Verschluss hinten ist. So präsentiert er sich den beiden auf der Couch, die immer stärker lachen. Nachdem Drago den BH geöffnet hat, hat er die Rechte unter Resas Pullover gelassen, und während sie Joe auslachen, wandert diese Hand langsam zur Seite und nach vorn, bis sie die rechte Brust von ihr erreicht.

»Los, dreh dich noch mal!«, ruft Drago dem Ehemann zu, der sich langsam um die eigene Achse dreht und die Spitzenunterwäsche präsentiert.

Resa wirft Drago einen bösen Blick zu. »Hey, was soll das?«, fragt sie leise und greift nach seiner Hand.

»Pssst, das wird ein Experiment. Warte ab!«, raunt er zurück.

Da sich Joe gerade wieder zu ihnen dreht, lässt Resa es gut sein. Die Hand auf ihrer Brust streichelt sie sanft, sodass sich leider auch der Nippel aufstellt. Aber unter dem Pulli ist das nicht zu sehen.

»Also, ich denke, er ist wirklich ein Crossdresser. Schau dir nur seinen Ständer an!«, sagt Drago, massiert ihre Brust etwas fester und spielt mit der harten Warze.

Resa starrt nur ungläubig und voller Unsicherheit auf ihren Ehemann, ihren String und die Genitalien, die der Stoff nicht bändigen kann.

»Sag mal, Joe, was macht dich denn außer der Unterwäsche noch so an?«, fragt Drago, während seine Finger die Brust von Resa etwas fester drücken, die daraufhin stoßweise ausatmet.

»Ich … ich …«, stammelt Joe, der nicht weiß, worauf Drago hinauswill.

»Erregt dich deine Frau noch?«, will er wissen, was auch im Interesse von Resa ist, die das mit einem Kopfnicken bestätigt.

»Ja, klar«, sagt er sofort.

»Also gut. Resa, zeig ihm doch bitte deine Brüste!«

Resas Kopf wirbelt herum und sie starrt Drago verblüfft an.

»Was?«, fragt sie. Ihr Kopf zittert leicht.

»Zeig ihm deine Brüste, dann sehen wir, ob sein Schwanz noch härter wird, so bleibt oder bei diesem Anblick schwach wird.«

Nach wenigen Sekunden des Überlegens hat Resa einen Einwand. »Wenn ich das mache, siehst du sie auch!«, stellt sie trotzig fest, als ob das ein Grund wäre, das Ganze sein zu lassen.

»Na gut. Setz dich auf meinen Schoß, dann kannst du gefahrlos den Pulli ausziehen, denn ich sehe nur deinen Rücken.«

Resa blinzelt kurz und nickt dann. Sie steht auf und setzt sich seitlich auf seinen Schoß. Aber schnell wird klar, dass Drago dann immer noch ihre Brüste sehen würde, also zieht sie den Rock so weit nach oben, dass sie gerade auf dem Schoß platznehmen kann und ihre Beine links und rechts herunterbaumeln. Sie beginnt, den Pullover auszuziehen, da helfen ihr die Hände von Drago. Der nimmt ihr den Pulli anschließend ab und wirft ihn ein gutes Stück von ihnen entfernt auf den Boden. Resa registriert es gar nicht und macht sich somit auch keine Gedanken darüber, wie sie an das Kleidungsstück gelangen soll, ohne dass Drago ihre Brüste zu Gesicht bekommt. Wichtig ist jetzt nur die Reaktion von ihrem Mann, und zu ihrer Freude schrumpft der Schwanz nicht.

»Sieht gut aus, was?«, raunt die Stimme in ihrem Ohr.

Drago hat sich nach vorn gebeugt und drückt mit seinem muskulösen Brustkorb gegen ihren Rücken. Seine Lippen küssen plötzlich ihren Hals. Dabei beobachtet er Joe, der wie gebannt dasteht und die beiden anstarrt. Sein Schwanz zuckt kurz. Das löst ein leises, gehässiges Lachen bei Drago aus.

»Hast du das gesehen?«

Seine Hände wandern bis zum Bauch von Resa. Diese nickt. Drago küsst sie und erzeugt ein hörbares Ausatmen bei Resa. Gleichzeitig wandern die Hände hoch und erreichen die Brüste.

»Aber Drago …«

»Was ist, Resa? Gerade eben habe ich deine Brust unter dem Pulli die ganze Zeit massiert, ohne dass du etwas dagegen hattest, und jetzt?«

Resa zuckt schuldbewusst zusammen, auch wenn die Geschichte nicht ganz wahr ist. Aber zu beider Überraschung zuckt der Schwanz von Joe erneut und schwillt noch weiter an. Das ist deutlich sichtbar, denn die Eichel schiebt sich nun vollständig aus dem Slip.

»Wow, die kleine Pussy findet das wohl geil.« Drago lacht und massiert nun etwas stärker die beiden Brüste.

Resa zieht lautstark die Luft ein.

»Das ist das Experiment, von dem ich sprach«, flüstert er in ihr Ohr, ohne dass es Joe mitbekommt. »Jetzt probieren wir noch etwas. Bereit?«

Resa nickt kurz.

»Lass uns doch mal schauen, ob Joe noch weiter erregt werden kann. Zeig ihm deine Muschi!«

Resa starrt ihren Mann an, dieser erwidert den Blick, aber sie macht nichts. Also greifen die Hände von Drago zum Rock und ziehen ihn noch weiter hoch, bis er an ihrem Unterleib zusammengerafft ist. Seine Hände drücken ihre Beine noch weiter auseinander, und er lacht beim Anblick von Joe, dessen Augen fast aus den Höhlen quellen.

»Ja, schau dir die Möse deiner Frau an, du kleine Pussy«, raunt er und streicht mit den Fingern über ihre Schamlippen.

Resa zuckt und gibt ein glucksendes Geräusch von sich.

»Mann, Joe, deine Frau ist klitschnass. Ihre Möse trieft richtig und läuft aus. Ist das so, weil du in ihrer Unterwäsche vor dir stehst, oder weil sie auf meinem Schoß sitzt und ich ihre Muschi streichle? Was glaubst du?« Er lacht gehässig auf.

Joe zuckt zusammen.

Resa verspannt sich etwas und versucht aufzustehen, aber Dragos Hände halten sie fest.

»Warte noch kurz!«, raunt er und Resa bleibt sitzen. »Was ist, Joe? Willst du dir nicht beim Anblick deiner nackten Frau einen runterholen?« Er kichert und reibt zärtlich über die Möse.

Joe presst die Lippen aufeinander. Sein Schwanz zuckt mehrmals in dem engen Gefängnis.

»Na los, komm schon, da ist doch nichts dabei! Was glaubst du wohl, wie oft ich mir schon einen runtergeholt habe, während ich an deine Frau gedacht habe?« Er lacht und schiebt zwei seiner Finger in die Spalte, die andere Hand knetet zärtlich ihre Brust.

Resa dreht sich etwas zu ihm um. »Wie bitte? Du Schwein!«, stößt sie hervor, und Drago lacht noch lauter.

»Glaubst du etwa, dein Mann hat sich nie einen runtergeholt und an dich und deine Unterwäsche gedacht?«

Resa straft ihren Mann mit einem bösen Blick.

»Ihn nennst du kein Schwein, aber mich, ts, ts, ts.« Drago schüttelt den Kopf und reibt noch intensiver die feuchte Scham.

Resa stöhnt plötzlich. »Oh Drago«, presst sie vorwurfsvoll heraus, aber der Angesprochene ignoriert es und reibt weiter.

»Komm schon, Joe! Hol dir einen runter! Zeig uns, wie du wichst. Los, wichs ihn! Wichs!« Die letzten Worte schreit er fast.

Und plötzlich greift Joe nach seinem Schwanz, holt ihn aus dem engen Slip und beginnt, ihn zu reiben.

»Ja! Genau. Schau ihn dir an, Resa, deinen kleinen Wichser!«, sagt er so abfällig wie möglich, und Resa stöhnt erneut. »Wenn du spritzen willst, dann nimm den weißen Slip, den du vorhin anhattest, und spritz alles da rein.« Auch Drago ist erregt, seine Stimme überschlägt sich fast, und seine Hände verwöhnen Resa noch stärker.

Diese stöhnt erneut. »Oh Drago!«

Ihr Kopf fällt nach hinten und lehnt sich gegen seinen. Ihr Arbeitskollege grinst den Ehemann hämisch an. Dieser wichst schneller, beugt sich zur Seite und hebt den weißen Slip auf, um ihn über seinen Schwanz zu legen. Er atmet schwer, wichst ruckartig und hält plötzlich die Luft an. Sein Becken stößt mehrmals unkontrolliert nach vorn und er stöhnt zufrieden.

Drago küsst den Hals von Resa, die nun lauter lüstern seufzt. Ihr Körper genießt die Liebkosungen und bewegt sich mit den Händen mit.

»Jetzt hat unsere kleine Pussy in den Slip gespritzt«, raunt die Stimme in ihrem Ohr.

»Du Schwein«, ist alles, was Resa mit schwerer Stimme von sich gibt.

»Wäre es dir lieber gewesen, er hätte in dir abgespritzt?« Seine Finger gleiten einige Zentimeter in ihre Muschi hinein.

Resa stöhnt auf. »Oh ja«, haucht sie.

»Hättest du gern einen Schwanz in deiner Möse?«

Seine Finger gleiten noch tiefer hinein.

»Oh ja! Ja!« Ihr Kopf schwingt nun vor und zurück. Ihre Atmung geht stockend und die Bewegungen werden unkontrollierter.

»Willst du endlich gefickt werden?«, zischt seine Stimme.

Und Resa brüllt plötzlich los. »Ja! Verdammt! Ja!«

Ihr Oberkörper fliegt nach vorn, wird jedoch von Drago festgehalten. Gleichzeitig pressen sich ihre Beine zusammen, der Bauch zittert und der Unterleib ruckt vorwärts. Sie schreit und zuckt mehrmals auf Dragos Schoß, bis sie sich wieder beruhigt.

»Hast du das gesehen, kleine Pussy, wie deine Frau gekommen ist?« Er kichert und lässt seine Hände weiterhin auf der Brust und der Muschi liegen. Zärtlich streicheln sie den Körper.

Resa öffnet die Augen und sieht, wie ihr Mann erneut einen Ständer in der Hand hält und langsam reibt.

»Was …?«, stammelt sie und dreht den Kopf zu Drago.

Dessen Lippen legen sich sogleich auf ihre. Der folgende Kuss ist sinnlich, zärtlich und leidenschaftlich zugleich.

Joe muss mit ansehen, wie seine Frau vom Arbeitskollegen geküsst wird. Er sieht, wie die Zungen miteinander spielen. Ein leises Schmatzen entsteht. Die Hände von Drago massieren seine Frau stärker, was ihren Körper schwingen lässt. Sein Schwanz beginnt, erneut zu pochen, und er wichst schneller.

Drago löst sich von Resa und zieht seine Hände zurück.

»Steh auf!«, sagt er leise.

»Was?« Resa ist verwirrt.

»Steh bitte auf!«, wiederholt er.

Resa richtet sich auf. Im selben Moment ergreifen seine Finger den Zipper des Rockes und ziehen ihn runter. Resa bemerkt es erst, als sie steht und dreht ihren Körper zu ihm, dabei rutscht der Rock tiefer. Sie kann ihn gerade noch festhalten, bevor sie komplett nackt vor ihm steht. Ihre Brüste schwingen hin und her.

»Hey, was soll das?«, herrscht sie ihn an.

»Hey, kleine Pussy, nimm mal die Hände deiner Frau und heb sie hoch.«

Resa wird überrascht, als sich Joes Hände auf ihre legen und sie vom Rock wegziehen. Dieser gleitet ungehindert abwärts. Resa ist auf ihren Mann wütend und dreht sich um.

»Was soll der Scheiß! Machst du alles, was Drago sagt?«, herrscht sie ihn an und geht einen Schritt zurück, nachdem sie sich aus seinen Händen gelöst hat.

Drago kichert und öffnet in diesem Augenblick seine Hose. Sein Schwanz ist schnell herausgeholt. Er packt die Hüften von Resa und zieht sie zu sich auf den Schoß. Sie gibt einen überraschenden Schrei von sich, als sie auf seinen Schenkeln landet.

»Hey, spinnt ihr jetzt alle?«, ruft sie.

Sie lacht dabei und versteht die Welt nicht mehr. Dafür spürt sie seinen harten Schwanz an ihrem Hintern, was sie augenblicklich erregt.

»So, meine kleine wichsende Pussy, komm mal her!«, sagt er zu Joe, der sich sogleich auf sie zubewegt.

Drago fixiert Resas Arme mit seinen Oberarmen, die Hände packen von innen ihre Oberschenkel, knapp vor dem Körper. So hebt er sie einige Zentimeter an und zieht sie weiter zu sich.

»Kleine Pussy, knie vor uns nieder und nimm meinen Schwanz in die Hand!«, lautet sein Befehl.

Resa hochzuhalten, bedeutet für seinen trainierten Körper keine besondere Anstrengung.

»Was?«, erklingt es gleichzeitig von Resa und Joe.

»Hey, hab dich nicht so! Deinen Schwanz fasst du doch

auch an, also, mach schon!«

Zögernd ergreift Joe den dicken, fetten Ständer und hält ihn in die Höhe.

»Joe!«, ruft Resa ungläubig.

»Gut. Und jetzt platziere ihn richtig, ja?« Drago kichert.

»Drago!«, ruft Resa nun noch ungläubiger.

Für sie wäre es ein Leichtes, aus seinen Händen zu entfliehen. Sie könnte sich mit den Füßen auf seinen Schenkeln abstützen, sich herauswinden und ihrem Mann befehlen, es sein zu lassen. Aber sie tut es nicht. Joe hält den Ständer so, dass er senkrecht nach oben zeigt, genau auf die Ritze seiner Frau. Resa atmet tief durch. Drago lässt den Körper von ihr langsam sinken. Sein Schwanz bohrt sich ungehindert in die feuchte Grotte hinein, drückt die Schamlippen auseinander und füllt ihren Unterleib unbeschreiblich aus. Resa stöhnt lang und gedehnt. Sie verdreht die Augen, während sie immer tiefer sinkt. Sein Schwanz scheint sie aufspießen zu wollen. Immer weiter dringt er ein, bis sie auf ihm sitzt. Joe hat den Schwanz losgelassen und steht nun auf. Seine Hand ergreift seinen Ständer, er beginnt zu wichsen.

»So, Resa, du hast die Wahl. Du kannst jetzt einfach so sitzen bleiben und meinen Schwanz in dir spüren, kannst dich bewegen und mich vögeln oder du kannst jetzt aufstehen und ihn aus dir herausgleiten lassen.« Dragos Stimme ist leise, getragen von Lust und Leidenschaft.

Resa starrt ihren Mann an, der wichsend vor ihr steht. Der Stab in ihr pulsiert, und sie versucht, sich zu beherrschen.

»Oh Drago!«, presst sie angespannt heraus, zieht die Luft ein und kann sich nicht mehr beherrschen.

Mit einem harten Ruck rammt sie ihr Becken nach hinten. Sie stöhnt laut auf und bewegt sich mit unglaublichem Tempo. Drago grinst Joe breit an, der noch schneller wichst. Er greift nach den Brüsten, massiert sie, wandert mit einer Hand tiefer und massiert den Kitzler. Resa beschleunigt noch mehr. Ihr Körper beginnt zu zucken und mit einem harten Ruck, gepaart mit einem brachialen Schrei, rammt sie ihren Unterleib gegen seinen. Zitternd und nach vorn gebeugt kauert sie auf ihm und stöhnt. Gleichzeitig schnappt sie nach Luft.

Nach wenigen Sekunden zuckt ihr Körper und sie entlässt zufrieden den Inhalt ihrer Lungen. Sie spürt die Anspannung bei Drago und bewegt sich wieder schneller.

»Ja! Komm! Komm!«, ruft sie.

Und schon packen seine Hände fest ihre Hüften und sein Schwanz spritzt in ihr ab. Resa lacht und jubelt, kreist über ihm und rammt ihren Unterleib hart gegen seinen. Der Ständer in ihr wird aber nicht kleiner, was sie erfreut.

Schwer atmet sie durch und sieht zu, wie ihr Mann erneut in den weißen Slip abspritzt. Sein Gesicht ist hochrot, während er die Luft anhält. Sein Becken rammt sich mehrmals nach vorn, direkt in ihren Slip, der nun von Sperma triefen muss.

»Hey, meine kleine Pussy, so wie ich davon geträumt habe, deine Frau zu ficken, hast du doch bestimmt auch davon geträumt, wie sie von einem anderen gefickt wird, oder?«, fragt Drago.

Die Reaktion von Joe zeigt alles: Betroffen blickt er zu Boden.

Gerade will Resa etwas dazu sagen, aber Drago ist schneller: »Gut. Dann erzähl mir, wie ich deine Frau nun ficken soll. Was macht dich an?«

Joe hebt seinen Kopf. Dieser ist noch immer tiefrot, aber seine Augen glänzen und funkeln.

»In meinem Bett. Auf meiner Seite, dort, wo ich normalerweise liege«, sagt er mit dünner, schwacher Stimme.

Drago lacht los, hebt kurzerhand Resa an, die erneut einen

kurzen Schrei von sich gibt, und trägt sie ins Schlafzimmer.

»Okay, und welche Position möchte deine dreckige Fantasie sehen?« Lüstern blickt er Joe an, der nicht lange überlegen muss.

»Sie liegt auf dem Bauch und du nimmst sie von hinten.«

»Was?«, begehrt Resa auf.

Aber kaum legt Drago sie ab, bleibt sie brav in dieser Position liegen, bis er sich auf sie legt. Langsam schiebt sich sein Schwanz in ihre Muschi. Sie unterstützt ihn, indem sie das Becken anhebt. Kaum steckt er tief in ihr drin, stöhnt sie lüstern und zufrieden. Drago stößt langsam, dann aber immer schneller und fester zu.

»Oh, ist das geil! Hey, Resa, in vier Wochen sind wir doch auf dem Workshop in Berlin.«

»Ja?«, gibt sie stöhnend zurück.

»Wir könnten ein Doppelzimmer nehmen, und während ich dich ficke, rufen wir deinen Mann an. Was hältst du davon?« Er kichert angestrengt, während er weiter schnell und hart zustößt.

»Das … das geht nicht. Das fällt auf, mit dem Doppelzimmer«, presst sie hervor.

»Okay, dann buchen wir Einzelzimmer, vögeln aber dennoch die halbe Nacht! Gefällt dir die Idee?«

»Ja! Ja! Aber anrufen werden wir meine kleine Pussy schon, nicht wahr?«, stammelt sie die Worte undeutlich hervor.

»Klar!«

Lachend rammt Drago sein Becken noch schneller und härter nach unten. Laut klatschend landet er auf ihrem Arsch. Drago blickt zu Joe, der wie wild wichst.

»Gefällt dir das auch, dass deine Frau fremdfickt?«

»Ja!«, presst er hervor und seine Augen drücken eine nicht beschreibbare Freude aus.

Drago lacht hämisch und stößt noch fester zu.

»Dein Mann ist nicht nur ein Crossdresser, sondern auch ein Cuckold.« Er lacht angestrengt und vögelt sie noch härter.

»Ein was?«, fragt sie gequält nach.

»Das ist ein Mann, den es geil macht, wenn seine Frau ihn betrügt.«

»Echt?«

Beide stöhnen, keuchen, schnappen nach Luft, bis Resa unter weiteren Schreien und wilden Zuckungen erneut einen Orgasmus hat. Auch Joe spritzt neben ihr ab. Drago vögelt sie weiter, bis auch er unkontrolliert zustößt und mit einem pfeifenden Geräusch in ihr zitternd stecken bleibt.

»Oh mein Gott!«, presst Resa hervor, die jeden Schuss seines Schwanzes deutlich spürt.

Erschöpft erhebt sich Drago von Resa, die nun schuldbewusst zu ihrem Mann blickt.

»Ist jetzt alles in Ordnung?«, fragt Joe, was in diesem Moment total surreal wirkt.

Er wurde mit Frauenkleidern erwischt, seine Frau betrügt ihn vor seinen Augen, und er holt sich dabei einen runter.

Resa richtet sich auf, beugt sich zu ihm und küsst ihn zärtlich auf den Mund. »Ja, mein kleiner, süßer Cuckold«, flüstert sie und strahlt ihn an.

Deine Seitensprünge machen mich geil

»Schönen guten Tag, Sie sind bestimmt Herr Tischner. Kommen Sie doch bitte rein!«, sagt Erika und öffnet die Haustür etwas weiter.

Der Mittvierziger macht einen Schritt in das Haus seines Chefs.

»Ja, vielen Dank. Aber sagen Sie doch bitte Uwe zu mir.

Bei uns in der Abteilung ist das Du üblich, und ich fände es merkwürdig, wenn ich Heinz mit Du anspreche und seine Frau nicht.« Er lächelt unverbindlich.

Erika hält ihm die Hand entgegen. »Sehr gern. Ich bin Erika.«

In ihren Augen funkelt es ein wenig. Uwe wirkt noch attraktiver als auf dem Foto, das ihr Heinz vor zwei Wochen zeigte. Uwe ist ein neuer Mitarbeiter bei ihrem Mann in der Buchhaltung und gerade mal seit knapp zwei Monaten im Unternehmen. Heinz war anfangs begeistert, bis er bemerkte, dass Uwe jedem Rock hinterherrannte. Uwe ist seit knapp einem Jahr geschieden und man munkelt, dass ihn seine Frau wegen mehrerer Seitensprünge verlassen hat.

Das kommt Heinz und Erika sehr gelegen. Beide sind Anfang fünfzig, aber erst seit kurzer Zeit wissen sie, dass Heinz ein Cuckold ist und es ihm gefällt, wenn seine Frau Erika ihn betrügt. Na ja, betrügen ist das falsche Wort, denn die zwei sind damit einverstanden. Es ist für beide eine Art Spiel. Sie genießt es, von anderen Männern begehrt zu werden und die Möglichkeit, sich ihnen hinzugeben, erotische Abenteuer zu erleben oder einfach nur guten und geilen Sex zu erleben. Gleichzeitig erregt es sie, wenn sie Heinz dabei erniedrigt. Manchmal beschimpft sie ihn oder lacht ihn aus. Das alles steigert die Erregung bei Heinz. Allerdings wissen auch beide, dass ihre Neigung nicht so ganz in das kulturelle und gesellschaftliche Weltbild eines Normalbürgers in Deutschland passt. Daher sind sie sehr vorsichtig.

Sie waren schon mal in einem Swinger Club, was ihnen jedoch nicht so gefallen hat. Durch eine Bekanntschaft fanden sie Kontakt zu einer frivolen Wohngemeinschaft, die sie hin und wieder besuchten. Aber das war den beiden zu wenig. Daher schauten sie sich immer wieder nach anderen Möglichkeiten um, ihre Lust zu befriedigen und Futter für den Fetisch zu finden.

Und hier ist er nun: Uwe. Er soll der nächste Fetisch-Köder sein, der ihnen die Lust und Freude bringen soll, die sie seit einigen Monaten vermissen.

»Soll ich meine Schuhe ausziehen?«, fragt Uwe aufmerksam im Windfang und Erika nickt freundlich.

»Das wäre sehr schön.« Sie blinzelt ihn aufmunternd an.

Anschließend gehen sie ins Wohnzimmer. Als sie vor ihm hergeht, versucht sie, es so graziös, aber zugleich aufreizend, wie möglich zu machen.

Offensichtlich wirkt es, denn Uwe meint: »Heinz sagte mir gar nicht, was für eine bezaubernde Frau er hat.«

Dieser kleine Charmeur, denkt sich Erika und grinst.

»Ach, das ist aber nett von dir.« Sie lächelt gespielt verlegen und winkt ab.

Er betrachtet Erika in ihrem grauen Overall. Auf der Vorderseite hat dieser einen Reißverschluss, der bis zu ihrem Bauch reicht.

»Möchtest du etwas trinken?«, fragt sie ihn sogleich.

»Ähm, ja, sehr gern.« Er strahlt sie an und wählt einen Cognac.

Sie reicht ihm diesen und bietet ihm einen Platz in der Sitzecke an. Elegant setzt er sich hin. Sogleich nimmt sie neben ihm Platz, einen »Martini« in der Hand.

»Heinz musste noch kurz weg, wird aber bestimmt gleich wiederkommen«, sagt sie.

»Ach, das ist kein Problem« Uwe schwenkt den Cognac und nippt leicht daran.

»Mir ist es etwas unangenehm, denn wenn schon einer seiner Mitarbeiter am Samstag etwas vorbeibringen soll, dann hat er gefälligst da zu sein!« Die letzten Worte spuckt sie abfällig heraus, als ob sie im Dauerstreit mit ihrem Mann leben würde.

»Das ist nicht so schlimm. Ich hatte nichts anderes vor, und bei einer solchen charmanten Gesprächspartnerin ist es definitiv keine verlorene Zeit.« Er lächelt und zwinkert ihr zu.

»Ach, du kleiner Charmeur.« Sie blinzelt ihn an. »Aber wartet bei dir zu Hause nicht jemand auf dich?«, hakt sie nach, um alle eventuellen Hemmnisse zu klären.

»Nein, ich bin seit über einem Jahr geschieden und schon seit drei Jahren getrennt.«

»So lange?«, platzt es aus ihr ungläubig heraus. »Wie geht das denn? Dass so ein attraktiver Mann … also …« Sie wird sogar etwas rot bei ihrer Show, die sie abzieht, während sie so tut, als hätte sie sich versprochen.

»Also, dich finde ich viel attraktiver«, flüstert er.

Auch seine Signale sind mehr als eindeutig. Sie blicken sich tief in die Augen. Nach wenigen Sekunden reißt er sich jedoch zusammen oder heckt einen Plan aus, der einige Störfaktoren oder Risiken beinhaltet. Einer davon ist der Ehemann.

»Was glaubst du, wie lange Heinz noch weg ist?«, fragt er. Es soll interessiert klingen, wirkt aber scheinheilig.

Erika schaut auf ihr Handy. »Hm, weiß nicht genau. Aber hättest du Lust, zum Essen zu bleiben? So als Ausgleich für die Wochenendarbeit?«

Sein Lächeln wird zu einem lüsternen Grinsen. »Ich würde hier sehr gern etwas … naschen«, flüstert er heiser.

In Erikas Unterleib regt sich etwas. Es beginnt sanft zu ziehen und zu kribbeln. Sie nimmt das Handy höher.

»Dann soll Heinz etwas zum Essen mitbringen.« Sie tippt wild darauf los. »Ich hätte Lust auf Hähnchen. In Neuburg gibt es einen tollen Hähnchengrill, da soll er etwas holen.«

»Das ist aber ganz schön weit weg«, erklärt er und lehnt sich zu Erika rüber, um auf das Handy zu schauen, auf dem sie wild tippt. »Da braucht er mindestens eine Stunde, bis er hier ist«, raunt er in ihr Ohr und zieht die Luft tief ein. »Du riechst unglaublich gut.«

Erika bekommt eine Gänsehaut. »Heinz braucht mindestens eineinhalb Stunden, bis er hier ist«, korrigiert sie seine Aussage.

Die Nasen berühren sich fast, während sich ihre Blicke treffen. Uwe zieht tief die Luft ein und macht ein zufriedenes und genussgetränktes Gesicht.

»Und was machen wir dann so lange?«, flüstert er.

Beide blicken sich abwechselnd in die Augen und auf den Mund. Erika schiebt langsam ihr Kinn nach vorn. Ihre Lippen öffnen sich und sie befeuchtet sie mit ihrer Zunge.

In seinen Augen flackert pure Gier, auch grenzenlose Lust. Es dauert ihr fast zu lange, aber endlich kippt sein Kopf und er küsst sie zunächst vorsichtig, dann immer leidenschaftlicher auf den Mund. Sogleich umarmen sie sich und pressen die Körper aneinander. Seine Zunge schiebt sich tief in ihren Mund, findet ihre und so spielen sie leidenschaftlich miteinander.

Auch Erika scheint in Eile zu sein. Ihre rechte Hand wandert zwischen seine Beine und streichelt die Beule, die sich auf seiner Jeans bildet. Von der forschen Art angetan, öffnet Uwe den Reißverschluss des Overalls bis zum Ende und schiebt seine Hand hinein, streichelt ihre Haut und erreicht ein spitzenbesetztes Bustier. Die Münder lösen sich und er blickt auf das schwarze Teil, über das seine Hand streicht.

»Oh, wie schön«, flüstert er und drückt sanft die linke Brust.

Erika öffnet seinen Reißverschluss und greift in die Jeans. Sie erreicht den Ständer, der aus dem Slip herausragt, und umfasst ihn sanft. Er pulsiert und fühlt sich warm, fest und feucht an.

»Oh ja, sehr schön«, haucht sie und grinst ihn lüstern an.

Seine Finger schieben den Ausschnitt des Bustiers über die rechte Brust und legen die hart aufgestellte Warze frei.

Lächelnd beugt er sich vor und saugt daran. Erika legt ihre freie Hand auf seinen Kopf, zieht ihn fester heran und seufzt sehnsüchtig ihre Lust heraus. Ihre Hand reibt den Ständer, ihre Brust wird zärtlich verwöhnt, die Zunge leckt gierig an ihrem Nippel und ihre Hand drückt den Kopf noch fester nach unten. In ihrem Unterleib brodelt es. Hitze, Ziehen und Kribbeln lassen sie schwerer atmen. Vom Bauch kommend schiebt seine Hand ihr Bustier über die Brüste nach oben, sodass sie komplett freiliegen. Uwe betrachtet die Hügel mit gierigen glasigen Augen.

»Wunderbar«, raunt er und leckt sich über die Lippen.

Erika drückt seinen Schwanz zärtlich und lächelt. »Oh ja, wirklich wunderbar.«

Seine fiebrig wirkenden Augen wandern ihren Körper auf und ab. »Du hast einen wahnsinnig geilen Körper. Wie alt bist du? Vierzig?«, fragt er voller Erregung.

Seine Hände tasten ihre Brüste ab und spielen mit ihren Nippeln. Erika lacht auf und schüttelt den Kopf.

»Hey, du musst nicht mehr so schleimen. Du hast mich schon, wo du mich willst.« Sie zuckt mit den Augenbrauen und grinst ihn breit mit leicht verzerrtem Gesicht an.

Seine Augen beginnen zu glitzern. Offensichtlich war es noch nie so schnell gegangen oder war so leicht. Seine Hände streichen über die Rundungen ihrer einladenden Brüste. Sanft drückt und knetet er sie, während ihre Hand seinen Schwanz schneller reibt.

»Wow, die sind der Hammer!«, raunt er.

»Du hast auch einen geilen …« Sie kichert lüstern und drückt den Schwanz fester.

Er beugt sich vor und leckt abwechselnd an beiden Nippeln. Seine Linke wandert tiefer, und als sie unter das Ende des Reißverschlusses gleitet, saugt er an der rechten Warze. Die Finger erreichen ihren Slip, schieben sich darunter und erreichen den Kitzler. Bei der ersten Berührung zuckt und stöhnt Erika, und er hebt grinsend den Kopf. Langsam bewegt sich die Hand weiter. Dabei mustert er ihr Gesicht, nimmt jede Regung auf und registriert dabei die Veränderungen. Tief dringt er in sie ein, langsam, vorsichtig und gefühlvoll.

»Mein Gott, bist du feucht«, haucht er liebevoll.

Sie lächelt, während ihr Körper weiter nach unten rutscht, seinen Fingern entgegen, um sie so weit wie möglich aufzunehmen. Gleichzeitig spreizt sie die Beine. Langsam reibt er über ihre Muschi bis zum Kitzler, kreist dort kurz und gleitet zurück. Das wiederholt er, wird dabei schneller und beobachtet Erika dabei. Diese atmet schwerer, beginnt zu stöhnen und ihr Körper bebt nach kurzer Zeit. Er lächelt zufrieden, reibt schneller, was zu einem Zittern bei ihr führt. Während sie die Augen verdreht, lauter stöhnt und sich mehr auf der Couch bewegt, beginnt ihr Körper zu zittern.

»Gefällt das deiner Muschi, deiner Pussy, deiner Möse und deiner Fotze?« Er beobachtet sie bei jedem Ausdruck, den er immer ordinärer sagt. Ihre Reaktion feuert ihn weiter an.

Unter dem immer lauter werdenden Schmatzen seiner flinken Finger verkrampft sich Erika und die Beine klappen mit einem Schlag zusammen. Sie reißt den Mund und die Augen weit auf, krächzt einen Ton heraus, während ihr Körper mehrmals heftig zuckt. Sie holt tief Luft und die Zuckungen werden weniger. Langsam entspannt sie sich wieder.

»War das gut?«, fragt er grinsend.

Sie nickt zufrieden. »Oh ja, das war sehr gut. Aber hoffentlich noch nicht das Ende.«

Verschmitzt lächelt sie ihn an und reibt seinen Ständer fester.

»Natürlich nicht. Das war nur der erste Gang«, flötet er.

Gemächlich, sie genau beobachtend, kniet er sich zwischen

ihre Beine und streichelt ihren Oberkörper. Er beugt sich vor und küsst sie auf den Mund. Sie erwidert den Kuss und ein sinnliches Zungenspiel setzt ein. Dabei streifen seine Finger das Oberteil des Overalls über die Schultern und die Arme ab. Es folgt das Bustier. Mit freiem Oberkörper, halb auf der Couch liegend, schiebt Erika den Mann sanft von sich weg, um wieder an seinen Schwanz zu gelangen.

Lächelnd steht er auf und zieht sich das T-Shirt über den Kopf. Ihr Körper beugt sich vor, ergreift den Ständer, der aus der Hose ragt, und wichst ihn genüsslich. Ihre Lippen legen sich auf die Eichel, küssen ihn sanft, bleiben kurz dort, bevor sie sich, wie in Zeitlupe, darüberschieben.

»Oh mein Gott!«, flüstert Uwe, dem offensichtlich noch nicht so oft einer geblasen wurde.

Seine Augen verdrehen sich, er seufzt lüstern und schwingt mit dem Becken im Takt ihres Kopfes vor und zurück. Erika öffnet den Gürtel und den Hosenknopf und zieht die Jeans nach unten. Es folgt der Slip. Während sie weiterlutscht, saugt und leckt, zerrt sie ihm die Hose über die Füße. Er unterstützt sie stöhnend, mühsam das Gleichgewicht haltend. Ihre Hand ergreift den Stamm, reibt ihn, während ihre Zunge an der Unterseite der Eichel schnell und lüstern entlangleckt. Schon nach wenigen Augenblicken bemerkt sie seine Veränderung. Seine Atmung geht flach und schnell. Er zittert und die Muskeln verkrampfen sich.

Ihre Lippen gleiten noch weiter nach vorn. Den Stamm reibt sie nur noch mit Daumen und Zeigefinger, dafür schnell und hart. Mit der anderen Hand spielt sie an seinen Eiern, während sie fest saugend an seiner Eichel leckt.

»Oh Scheiße. Ich … ich komme … ich …«, stammelt er.

Mit einem Ruck atmet er tief die Luft aus. Sperma spritzt aus seinem Rohr in ihren Rachen. Sie schluckt schnell. Gleichzeitig wichst sie weiter und leckt an der Unterseite der spuckenden Spitze entlang. Bei jeder Ladung stößt er Luft aus, sodass es sich wie Hecheln anhört. Nach kurzer Zeit ist es zu Ende.

»Oh mein Gott«, flüstert er, während Erika seinen Ständer liebevoll ablutscht und sanft daran saugt.

Ihre Hände massieren seine Genitalien, dennoch beginnt er zu schrumpfen.

»Das … das ging etwas schnell«, sagt er nach Luft schnappend.

Verlegen blickt er nach unten, aber Erika lächelt ihn an.

»Das macht nichts. Es zeigt mir nur, dass ich es gut gemacht habe.« Sie grinst und reibt den Schwanz weiter.

»Oh ja, verdammt gut sogar«, bestätigt er.

»Und beim zweiten Mal dauert es immer länger. Du willst doch ein zweites Mal, oder?« Ihr Grinsen wird noch breiter.

Das Leuchten in seinen Augen verstärkt sich und Begeisterung ist in sein Gesicht geschrieben, während er heftig nickt. »Oh ja. Unbedingt.«

Sie wichst und lutscht weiter an seinem Stamm. Dabei verwöhnt sie ihn mal langsam und intensiv, aber auch mal schnell und hart. Allmählich wird er wieder groß und dick, was ihr gefällt. Sie lässt ihn los, blickt Uwe tief in die feurigen Augen und lehnt sich langsam wieder auf der Couch zurück.

»Komm, zieh mich aus!«, flötet sie einladend und verführerisch.

Ihr Mund glänzt feucht, die dicken Lippen sind leicht geöffnet. Uwe kniet sich vor sie und zieht langsam den Overall herab. Sie hebt die Beine und den Hintern, sodass es ihm leichtfällt. Seine Augen sind auf den Slip gerichtet, der zum Bustier passt. Schwarz, mit Spitze und ein String. Sein Schwanz zuckt vor Aufregung. Erikas Beine schweben noch immer in der Luft und senken sich jetzt langsam auf seine Schultern. Die

Füße verhaken sich in seinem Nacken und ziehen ihn näher.

»Koste mich!«, flüstert sie.

Sein Kopf sinkt zwischen ihre Beine. Er zieht den Slip beiseite, bewundert die feuchte, rasierte Muschi und küsst sie sogleich. Seine Zunge leckt die Scham aufwärts bis zum Kitzler. Dort kreist er darüber und lässt ihren Unterleib fast ununterbrochen zucken.

»Oh ja! Oh ja! Leck mich! Leck meine Fotze! Das machst du so gut«, feuert sie ihn an und rammt immer stärker ihr Becken nach oben.

Er wird mutiger und leckt schneller und intensiver. Gleichzeitig schiebt er den Zeige- und Mittelfinger zwischen die Schamlippen und bewegt sie hin und her.

»Uh, ja. Das ist … ist gut!«, presst Erika hervor. Ihr Körper bewegt sich immer schneller und ihre Stimme wird lauter. »Ja! Ja! Ja! Steck mir die Finger tiefer rein! Oh ja, genau so! Ja!«

Aus den Augenwinkeln sieht sie, wie Heinz beim Durchgang zum Wohnzimmer erscheint. Er ist ganz leise ins Haus gekommen und reibt nun über seine Hose. Sie kennt diesen Blick. Abwesend und hocherregt.

»Oh, ist das geil! Das machst du so gut! Ja! Ja!«, schreit sie.

Kurz darauf erfolgt ein Ruck. Aus ihrer Kehle dringen ein Krächzen und eine Art Wimmern, während sie mehrmals heftig zuckt. Ganz langsam lässt der Höhepunkt nach. Sie zieht den Kopf von Uwe zu sich und küsst ihn leidenschaftlich und lange auf den Mund.

»Das war fantastisch! Und jetzt will ich ficken«, flüstert sie, aber doch so laut, dass es Heinz hören muss.

Dieser hat die Hand in der Hose und reibt schneller.

»Oh Erika, du bist der Wahnsinn!«, sagt Uwe angestrengt.

Er richtet seinen Körper auf, sodass er zwischen ihren Beinen kniet. Sein Ständer schwebt vor ihrer Möse. Er fasst an ihren Slip, will ihn ihr ausziehen, aber Erika klatscht mit ihrer Hand darauf.

»Vergiss es! Das dauert zu lange. Fick mich mit Slip«, stößt sie ungeduldig hervor.

Ihr Becken schwingt gierig vor und zurück, scheint etwas zu suchen. Er platziert seine Spitze an ihrer Möse.

»Ja! Steck ihn rein! Tief! Ganz tief!«, ruft sie und der Ständer gleitet in ihre Muschi hinein. »Oh ja! Oh, ist das geil! Endlich mal wieder ein geiler Fick! Oh, wie habe ich das vermisst!«, ruft sie, während beide Körper immer schneller gegeneinanderstoßen.

Sie schnaufen laut, stöhnen heftig, Er hält ihre Beine hoch. Ihre Hände kneten ihre eigenen Brüste und drücken sie immer wieder zusammen. Aus den Augenwinkeln nimmt sie wahr, wie Heinz den Raum verlässt. Sie weiß, dass er im Gäste-WC kurz abspritzt und anschließend wiederkommt.

»Ja, fick meine Fotze! Fick sie richtig durch!«, feuert sie ihn an.

»Oh ja! Ja! Du bist eine geile Fotze!«, ruft Uwe selbstsicher und nagelt sie noch schneller.

Laut klatscht sein Körper gegen ihren. Seine Eier knallen gegen ihren Hintern und sein Gesicht ist vor Geilheit, Lust, Gier und Anstrengung verzerrt.

Heinz erscheint wieder. Erika umklammert Uwes Körper mit ihren Beinen.

»Tiefer! Ramm ihn mir tiefer rein! Oh ja, das machst du gut! Ja Uwe! Uwe! Oh ja!«, brüllt sie und scheint kurz vor dem nächsten Höhepunkt zu stehen.

»ERIKA! UWE! Was macht ihr da!«, schreit Heinz völlig fassungslos von hinten.

Uwe zuckt zusammen. Er reißt seinen Kopf herum und errötet. Instinktiv will er sich von Erika lösen, aber deren Beine halten ihn gefangen. Erstaunt blickt er zu Erika. Seine Augen starren sie fragend und voller Schrecken an.

»Mach weiter! Fick mich weiter!«, ruft sie aufgelöst und rammt ihren Unterleib gegen seinen.

Sie befürchtet schon, dass der Schwanz in ihr vor Schreck schrumpft. Er tut es zwar, aber nur ein bisschen.

»Aber … aber dein Mann!«, stammelt Uwe und traut sich nicht mehr, zu Heinz zu schauen.

»Scheiß drauf! Der fickt mich schon lange nicht mehr. Sein Problem. Mach weiter. Los! Los!«

Aber noch immer zögert Uwe. »Aber … aber er ist mein Chef und ich bin noch in der Probezeit!«

Plötzlich lacht Erika auf. Dabei stoppen ihre Bewegungen. Mit zusammengekniffenen Augen blickt sie ihn an. »Hey, das ist doch gut. Er kann dich nicht feuern, weil du dann seine Firma verklagen würdest und rauskäme, dass du seine Frau gevögelt hast. Und das ist kein Problem für die Firma, nur für meinen Ehemann.« Sie kichert.

Langsam erscheint die Erleuchtung in Uwes Augen.

»Oh ja!«, flüstert er und ein sanftes Lächeln breitet sich in seinem Gesicht aus.

Sein Becken schwingt langsam wieder vor und zurück.

»Komm! Fick mich fester! Und tiefer. Zeigen wir meinem Mann, wie das geht! Ich habe schon so lange nicht mehr mit ihm gefickt, weil er es nicht draufhat. Na los! Zeig ihm, wie ein richtiger Fick funktioniert!«, stachelt sie ihn noch weiter an.

Das Lächeln in Uwes Gesicht wird wieder lüstern. Nun beschleunigt er und rammt sein Becken hart nach vorn. Beide stöhnen lauter, und Heinz steht wie ein begossener Pudel daneben.

»Schau nur, wie der Schlappschwanz dasteht. Kein Mumm! Er schaut nur zu, wie seine Frau gefickt wird. Wahrscheinlich lernt er von dir noch was.« Sie lacht angestrengt, während Uwe immer härter zustößt. Nun klatscht es wieder laut.

»Oh ja! Ja!«

Uwe dreht sich zu Heinz um. »Hey, Chef, du hast echt eine geile Frau. Und sie fickt sich hervorragend!« Er lacht schallend und Erika setzt mit ein.

»Im Geschäft ist er vielleicht der Chef. Aber hier bist du es!«, ruft Erika und ihre Augen leuchten Uwe an.

Dieser ruft keuchend »Oh ja! Oh ja!« und vögelt kräftig weiter.

»In Zukunft werde ich meinen Mann anrufen und ihm sagen, dass ich Lust auf Sex habe. Dann gibt er dir frei und du kommst zu mir und fickst mich. Nein, noch besser: Er fährt dich her und wartet, bis wir fertig sind!« Sie lacht keuchend und angestrengt.

Uwe lacht sogleich mit. »Und das alles in meiner Arbeitszeit.«

»Ja natürlich. Das ist doch auch … harte … harte …« Sie kommt nicht dazu, den Satz zu beenden.

Ihr Körper beginnt schlagartig, sich zu verspannen und wild zu zucken. Gurgelnde Laute dringen aus ihrem halb geöffneten Mund. Die Augen sind fest zusammengepresst, während sie den Orgasmus genießt. Uwe wartet, bis er abgeklungen ist, und grinst Heinz breit an.

»Na, hat deine Frau bei dir auch immer so einen Orgasmus?«

Heinz schweigt und starrt nur dumpf die beiden an.

Erika löst sich von Uwe, steht auf, küsst ihn und bugsiert ihn zur Couch.

»Oh, Heinz, dein Mitarbeiter ist wirklich eine Wucht. Du solltest ihn öfter hierher einladen!« Sie kichert und wichst den feuchten, glänzenden Schwanz. »Der ist viel größer als deiner, schau nur!« Sie bedeutet Heinz, näher zu kommen.

Und tatsächlich macht dieser drei Schritt auf sie zu.

»Zieh deine Hose runter! Ich will unserem Gast zeigen, wie

kümmerlich dein Pimmel ist!« Sie kichert und reibt genüsslich den Schwanz auf und ab.

Heinz reagiert jedoch nicht.

»Na los doch! Oder soll Uwe in der Firma erzählen, wie es bei seinem Chef zu Hause aussieht, wie die Frau des Chefs riecht und wie sie sich ficken lässt?«, sagt sie und drückt die Vorhaut nach ganz unten.

Überraschung liegt in Uwes Gesicht, als Heinz tatsächlich die Hose öffnet und samt der Boxershorts runterzieht.

»Was … was ist das?«, fragt Uwe überrascht.

Erika schreit vor Lachen auf. »Du hast einen Ständer? Das ist ja der Wahnsinn!«

Zuerst hält sie die freie Hand vor ihren Mund. Dann zeigt sie auf den Steifen ihres Mannes. Dessen Glied steht fast senkrecht in der Luft. Ihr Kopf wirbelt freudestrahlend herum und sie blickt Uwe an. »Weißt du, was das bedeutet? Meinen Mann macht es geil, wenn seine Frau einen anderen fickt! Ha!«

»Wie? Dein Mann ist ein Cuckold?«, fragt Uwe erstaunt und blickt zwischen den beiden hin und her.

»Sieht so aus. Schau doch!« Sie kichert und zeigt auf den Ständer ihres Mannes. »Komm! Wir probieren etwas aus!«

Sie schwingt sich über Uwes Beine, ihre Hände legt sie auf seine Schultern und ihre Brüste presst sie in sein Gesicht.

»Los, Heinz, nimm seinen Schwanz und steck ihn in die Fotze deiner Ehefrau!«, fordert sie ihren Mann auf und flüstert in Uwes Ohr: »Es macht dir doch nichts aus, wenn ein anderer Mann deinen Schwanz anfasst, oder?«

»Nicht, wenn er ihn in seine Frau schiebt«, dringt es gedämpft zwischen ihren Titten hervor.

Heinz tritt näher, ergreift den Ständer und platziert ihn an der Öffnung seiner Frau. Diese senkt den Körper und der Schwanz gleitet mühelos in ihre feuchte Grotte hinein.

»Oh mein Gott, ist das geil! Der fühlt sich viel besser an als deiner, Heinz«, sagt sie und beginnt sogleich mit schnellen, harten, schwungvollen Stößen ihres Beckens.

Laut klatschend rammt sie sich den Steifen in die Möse, blickt zu ihrem Mann und sagt: »Du kannst dir gern einen runterholen, wenn du willst. Das ist zwar erbärmlich, aber mir egal. Ich habe wenigstens richtig geilen Sex.«

Sie kichert voller Häme und vögelt noch schneller, während sie sich an Uwe festhält. Auch er atmet hastig und wirkt angespannt. Heinz beginnt zu wichsen und sieht den beiden auf der Couch zu.

»Oh, Erika, du bist so geil«, stöhnt Uwe angestrengt.

Er beißt die Zähne zusammen und sein Körper bebt.

»Du auch! Du auch!«, ruft Erika.

Ihre Bewegungen werden langsamer, aber ausladender. Hart ruckt ihr Becken nach vorn, und sie stößt einen erlösenden Schrei aus. Fast gleichzeitig keucht auch Uwe und hält Erika verkrampft fest. Beide kommen gleichzeitig und sinken stöhnend und seufzend zusammen. Schwer atmend vernehmen sie neben sich ebenfalls einen kurzen Ausruf und Heinz spritzt ab. Sein Sperma landet auf dem kleinen Couchtisch. Erika und Uwe lachen ihn aus. Sie verlangt, dass er den Dreck gleich wegmacht.

Während Heinz in der Küche verschwindet und einen feuchten Lappen holt, küsst Erika Uwe dankend auf den Mund.

»Das war klasse«, sagt sie, erhebt sich und richtet ihren Slip.

Sie greift nach dem Bustier und zieht es wieder an.

»Ja. Das können wir gern wiederholen«, antwortet Uwe und sucht auch seine Sachen zusammen.

Heinz erscheint und putzt sein Sperma vom Tisch weg.

»Gern, aber darüber musst du absolutes Stillschweigen bewahren. Wenn irgendjemand in der Firma davon Wind bekommt, war's das«, sagt sie.

»Kein Problem. Ich werde schweigen und gern wiederkommen«, sagt er und grinst Heinz an, der soeben mit seiner Putzaktion fertig ist.

Nachdem sich die zwei wieder angezogen haben, bringt Erika ihren Gast zur Tür. Dort küssen sie sich lange und genüsslich.

»Ich hoffe, du kommst wieder«, sagt Erika.

»Ich komme sehr gern mit dir«, antwortet Uwe grinsend.

Sie öffnet die Tür und er tritt hinaus. Kaum zwei Schritte weiter, dreht er sich schlagartig um und greift in seine Gesäßtasche. »Mann, das hätte ich fast vergessen. Das hier sollte ich doch Heinz bringen.« Entschuldigend lächelnd drückt er Erika einen USB-Stick in die Hand.

Diese bedankt sich und schließt hinter ihm die Tür.

Im Wohnzimmer sitzt Heinz und lächelt sie zufrieden an.

»Ich wusste, dass er es schlucken würde. Er ist sehr triebgesteuert und wird den Mund halten, nur, damit er dich nochmals ficken kann. Aber wahrscheinlich werde ich ihn am Ende der Probezeit doch feuern.«

»Tja, der Hellste scheint er wirklich nicht zu sein.« Sie kichert und blinzelt Heinz an. »Aber ficken kann er ganz gut.«

Verschwörerisch kuschelt sie sich an ihren Mann.

»Ach ja? Erzähl mir davon«, bittet er sie.

Sie beginnt. zu erzählen. und nach knapp einer Minute hat Heinz einen Ständer. Vier Minuten später sind er und seine Frau wieder nackt. Kurz darauf liegen sie im Schlafzimmer und er vögelt ihr den Verstand aus dem Leib, während sie den Namen seines Mitarbeiters brüllt.

Er findet es geil, ein Cuckold zu sein.

Ich will, dass du meine Frau fickst!

Dana und Paul feiern heute ihren zehnten Hochzeitstag. Sie feiern es im kleinen Kreis, wobei ihre Eltern, die Geschwister und die besten Freunde anwesend sind.

Paul ist Geschäftsführer einer Firma, die unterschiedliche Kunststoffteile herstellt. Er hat für dieses Fest in einem nahe gelegenen Schloss den Saal gemietet und für seine Frau und sich ein Zimmer im angeschlossenen Hotel gebucht.

Zunächst beginnt es am Nachmittag mit Kaffee und Kuchen. Später erscheint ein DJ mit seiner Anlage, der nach dem Abendessen, das aus einem Sieben-Gänge-Menü besteht, die Gäste mit seiner Musik zum Tanzen einlädt. Es ist ein sehr ausgelassenes Fest. Da Paul nicht immer so viel Zeit für seine Frau hat, genießt er den Abend in vollen Zügen mit ihr. Alle Gäste bewegen sich auf der Tanzfläche. Mal allein, mal gemeinsam tanzend, sie amüsieren sich bis kurz nach Mitternacht.

Nachdem der DJ sich verabschiedet hat, gehen auch die meisten Gäste. Nur Noah, Pauls bester Freund aus der Jugendzeit, ist noch anwesend, und sie unterhalten sich über die gute alte Zeit.

»Wie läuft es denn in deinem Job?«, fragt Noah Dana, damit sie von dem Gespräch über die früheren Jugendsünden nicht gänzlich ausgeschlossen ist.

»Och, eigentlich ganz gut«, sagt sie, »seit drei Jahren habe ich einen Teilzeitjob in einer Werbeagentur. Ich arbeite vormittags und habe nachmittags viel Zeit für mich und den Haushalt.« Sie lächelt sanft und müde.

»Und was machst du mit der vielen Zeit? Wahrscheinlich hast du jede Menge Hausfreunde, von denen dein Mann, der bestimmt vor zwanzig Uhr nie nach Hause kommt, nichts erfahren darf.« Noah schlägt Paul lachend und kräftig auf die Schulter.

Dieser verzieht kaum das Gesicht.

»Nein, natürlich nicht«, wiegelt Dana sofort ab.

Sie ist eine sehr hübsche Frau. Dezent geschminkt, große,

runde, braune Augen und dunkelblondes Haar, das ihr knapp über den Nacken reicht. Sie ist schlank und sportlich.

Der Ober kommt und fragt, ob sie noch etwas haben wollen. Er wirkt müde und scheint aufräumen zu wollen.

»Können wir noch eine Flasche Wein und drei Gläser haben? Den würden wir auf unserer Suite trinken«, bittet Paul.

»Selbstverständlich«, antwortet der Ober und kommt ein paar Minuten später mit leeren Händen wieder zurück. »Ich habe den Wein auf Ihr Zimmer bringen lassen. Dort steht er bereit«, sagt er pflichtbewusst und höflich mit einer leichten Verbeugung.

»Ja, prima. Kommt, lasst uns hochgehen. Die Suite ist super!«, schwärmt Paul.

Gemeinsam gehen sie in den dritten Stock.

Die Suite besteht aus einem großen Schlafzimmer, einem ebenfalls großen Badezimmer und einem separaten Raum, in dem sich eine Couch, zwei Sessel, ein Besprechungstisch mit vier Stühlen, einem Kamin und einem Fernseher befinden.

»Wow, ist das cool. Können wir ein Feuer machen?«, fragt Noah mit leuchtenden Augen.

Er sucht sogleich Holz, das sich in einer Kiste, neben dem Kamin befindet.

»Klar, dann wirkt es gleich viel gemütlicher«, stimmt Paul zu.

Auch Dana klatscht vor Freude in die Hände.

Es ist wirklich ein schöner Ausklang eines noch schöneren Tages. Die zwei stehen Arm in Arm auf dem dicken Fell vor dem Kamin, in dem Noah soeben ein Feuer entzündet. Schon verbreitet sich eine wohlige Wärme aus dem knisternden Feuer.

Die beiden Männer tragen einen Anzug, weiße Hemden und eine dunkle Krawatte. Fast wie Brüder. Dana hingegen hat sich an diesem Abend für ein figurbetontes puderfarbenes Cocktailkleid entschieden, dessen Oberteil mit aufwendiger

Stickerei und transparentem Einsatz versehen ist. Es wirkt leicht und sexy zugleich.

Sie schmiegt sich an ihren Ehemann, während Noah aufsteht und die beiden anschaut.

»Kommt, setzen wir uns auf das Fell!«, sagt Paul.

Er geht zu einem kleinen Couchtisch, auf dem das Tablett mit dem Wein steht und schenkt in die drei Gläser ein. Er reicht jedem von ihnen eines, und während sie gemütlich vor dem Kamin sitzen, stoßen sie an.

»Auf euch!«, ruft Noah und die anderen beiden stimmen zu.

Nachdem sie die Gläser auf dem Kaminsims abgestellt haben, schaut Noah die zwei an und sagt: »Mensch Paul, du hast wirklich eine tolle Frau.«

»Ich weiß«, bestätigt dieser lächelnd und küsst Dana.

»Da kann man richtig neidisch werden«, ergänzt Noah.

Paul betrachtet Noah für einige Sekunden und fragt: »Willst du sie mal in den Arm nehmen?«

Dana blickt ihn stirnrunzelnd an.

»Klar!«, sagt Noah und rutscht näher. »Aber natürlich nur, wenn es dir recht ist«, fragt er Dana und blickt ihr tief in die Augen.

»Hey, wir haben vorhin schon miteinander getanzt, da kannst du mich auch in den Arm nehmen. Also, wenn das mein Mann so will ...« Sie zuckt unsicher lächelnd mit den Achseln.

Paul lässt seine Frau los, rutscht etwas zur Seite und gibt Noah den Platz frei, der sanft seinen linken Arm um ihre Schultern legt.

»Du riechst unglaublich gut«, raunt er und verursacht ein noch verlegeneres Lächeln bei Dana.

»Danke«, sagt diese und blickt kurz zu ihrem Mann.

»Du kannst auch an ihrem Hals riechen«, schlägt dieser vor.

Daraufhin beugt sich Noah zu Dana rüber und zieht genüsslich die Luft ein. Auf deren Rücken und Armen bildet sich sogleich eine Gänsehaut. Sanft küsst Noah den Hals von Dana, die ihre Augen aufreißt und erneut zu ihrem Mann blickt. Dieser reagiert jedoch nicht. Sie greift nach seiner rechten Hand, die er ihr reicht. Noch immer blickt sie ihn an, auch als der zweite und dritte Kuss erfolgen. Paul zeigt keine Regung. Stumm betrachtet er seine Frau, die von seinem besten Freund am Hals geküsst wird.

»Ähm, Noah. Ich weiß nicht …«, beginnt sie vorsichtig und dreht den Kopf zu ihm.

Ihre Blicke treffen sich. Schweigend versinken beide im Meer der Gefühle. Seine Lippen liegen plötzlich auf ihren und aus einem sanften Kuss wird ein leidenschaftlicher. Noah zieht Dana fest an sich heran und öffnet seinen Mund. Die Zungen finden zueinander, und der Kuss wird noch inniger. Ihre Linke hält noch immer die Hand ihres Gatten, während die Rechte sich auf das Genick von Noah legt und ihn an sich herandrückt. Der Kuss wird sinnlicher. Ein Schmatzen mischt sich unter das Knistern der Flammen. Noahs rechte Hand legt sich auf ihren Bauch und gleitet langsam höher. Sie küssen sich noch intensiver, fester und feuchter. Seine Hand erreicht ihre Brust und drückt sie sanft.

Dana löst sich von seinem Mund, blickt ihn unentschlossen und etwas erschrocken an, um sogleich ihren Kopf Paul zuzuwenden. Fragen und Entschuldigungen liegen in ihren Augen, aber ihr Ehemann scheint es nicht zu stören.

Die Hand massiert ihre Brust etwas intensiver, und Dana dreht sich wieder zu Noah. Dieser lächelt sie an und küsst erneut ihren Mund. Nun ist dieser Kuss noch intensiver, wilder und heftiger. Seine Hand drückt die Brust fester und seine Linke ertastet den kleinen Knopf am Genick und öffnet das Kleid mit einem leisen Klickgeräusch.

Dana atmet tief durch, und während seine Finger den Reißverschluss einige Zentimeter unterhalb des Knopfes finden und nach unten ziehen, blickt sie nochmals zu ihrem Mann. Unglaube und ein gewisses Flehen liegen in ihrem Blick, aber Paul lächelt nur sanft.

Der Reißverschluss ist nun ganz unten. Noah streift das Oberteil des Kleids über ihre Schultern und Arme ab. Sie muss die Hand ihres Mannes loslassen, damit sie es ausgezogen bekommt. Noah schiebt den Stoff weit nach unten, sodass ihre Brüste freiliegen. Sein Mund legt sich auf die rechte Brust, küsst und leckt an ihr, bis er an der Warze ankommt und sanft daran saugt. Danas Brustkorb beginnt zu vibrieren und sie atmet schwer durch. Ihre Erregung ist nicht mehr zu verbergen. Wieder blickt sie zu ihrem Mann, während die rechte Hand von Noah tiefer wandert, das Kleid etwas hochzieht, bis er ihre nackte Kniescheibe berührt.

Sein Mund küsst, leckt und saugt weiter an ihrer Brust und ihre Atmung wird noch schwerer. Die Hand gleitet langsam zwischen ihren Beinen aufwärts, streichelt sanft die Innenseite des Schenkels, bis sie in der Mitte ankommt.

Ein kurzer Atemstoß von Dana zeigt Paul, dass sein bester Freund im Schritt seiner Frau angekommen ist. Dort beginnen die Finger, vorsichtig und zärtlich am Rand des Slips entlangzugleiten und sie zu streicheln. Dana atmet tief durch. Wie von selbst ist ihre rechte Hand auf dem Kopf von Noah gelandet, krault seine Haare und drückt seinen Mund fester auf ihre Brust. Sie stöhnt leise, als Noahs Finger den Slip beiseiteschieben und ihren Kitzler erreichen. Das Becken zuckt mehrmals. Sein Mund wechselt zur anderen Brust, während er ihre Muschi schneller und intensiver reibt.

Sie stöhnt lauter, blickt zu ihrem Mann und sieht nur sein zufriedenes Lächeln. Und noch etwas. In den Augen erkennt sie seine Erregung. Jetzt ist es zu viel. Sie gibt sich den Liebkosungen von Noah hin, lehnt sich zurück, seufzt lüstern und bewegt sich im Takt seiner Finger. Und plötzlich schieben sich die Beine zusammen, die Anspannung nimmt zu und sie zieht die Luft ein. Die Augen schließen sich, ihr Körper beginnt zu zittern und mit einem kurzen Ruck stöhnt sie ihren Höhepunkt heraus. Die Finger werden langsamer und legen sich sanft auf die immer wieder zuckende Muschi.

Der Freund ihres Ehemanns hebt den Kopf und blickt in die sich wie in Zeitlupe öffnenden Augen. Sie glänzen und Dana lächelt ihn an. Er lächelt zurück, richtet sich auf und zieht ihr das Kleid aus. Sie hebt bereitwillig den Hintern, blickt dabei erneut zu ihrem Mann, der sie noch immer erregt beobachtet.

Noah betrachtet den beigen Tanga, der aus transparentem Material besteht. Den hatte Paul seiner Frau erst letzte Woche geschenkt und sie gebeten, ihn heute zu tragen.

Mit gierigem, zugleich liebevollem Blick starrt er auf ihren Schritt und lässt seine Finger langsam und zärtlich die Beine nach oben wandern. Kaum erreicht er den Slip auf Hüfthöhe, legen sich die Hände von Paul auf Danas Schultern. Sie erschrickt kurz, blickt zu ihm und lässt sich von ihm langsam nach hinten ziehen, bis sie mit dem Kopf auf seinem Schoß liegt.

Noahs Hände ziehen behutsam den Slip aus, bis er über ihre Füße hinweggleitet. Nun liegt sie nackt vor dem besten Freund ihres Mannes, auf einem Fell vor den züngelnden Flammen eines Kamins.

Je näher er ihr kommt, umso weiter öffnet sie ihre Beine. Schwer atmend beobachtet sie, wie sich der Kopf zwischen ihre Schenkel schiebt, an denen seine Fingerkuppen sanft entlangstreifen. Ihr Brustkorb hebt und senkt sich stärker. Sie atmet hörbar durch den offenen Mund und zuckt leicht zusammen, als seine Lippen sich auf ihre Schamlippen legen und ein zärtlicher Kuss ihre Muschi erfreut. Sie lächelt, legt den Kopf nach hinten und blickt unwillkürlich in das Gesicht ihres Mannes. Sie zuckt erneut, als die Zunge vorsichtig ihre Scham erforscht.

In den Augen ihres Mannes erkennt sie Erregung und Lust. Ihr Kopf drückt etwas fester in seinen Schoß. Dort spürt sie eine starke Erregung. Ihr Lächeln wird zu einem Grinsen.

Noah leckt nun intensiver. Die Zungenspitze spielt mit dem Kitzler. Seine Daumen schieben sich gemächlich zwischen ihre Schamlippen. Ihr Becken reagiert und drückt sich nach vorn, ihm entgegen. Sie seufzt und stöhnt unter der genüsslichen Behandlung, schließt ihre Augen. Die Zunge leckt schneller, spielt kreisend mit der Klitoris und seine Daumen bewegen sich vor und zurück.

Pauls Hände liegen plötzlich auf ihren Brüsten und kneten sie sanft. Dana beginnt, wie eine Katze zu schnurren, und gibt sich vollkommen den Liebkosungen hin. Ihr Körper schlängelt sich leicht und ihre Atmung beschleunigt sich.

»Fühlt sich das gut an?« Pauls Stimme ist leise und heiser.

Seine eigene Erregung ist deutlich hörbar.

Sofort nickt Dana. »Oh ja, es ist wunderbar«, haucht sie.

Pauls Finger spielen intensiver an ihren Warzen, zupfen daran, kreisen darüber und drücken sie sanft zusammen. Gleichzeitig schiebt Noah seinen rechten Zeige- und Mittelfinger in die heiße und feuchte Grotte hinein. Immer schneller bewegen sie sich vor und zurück, während seine Zunge noch leidenschaftlicher die kleine Knospe verwöhnt. Ihr Stöhnen wird lauter.

»Ja, das ist gut. Das macht ihr zwei … so gut!«, presst sie hervor.

Ihre Beine beginnen zu vibrieren und schließen sich allmählich, während sich ihre restlichen Muskeln immer stärker verspannen. Ihr Oberkörper hebt sich, die Oberschenkel erreichen Noahs Kopf und klemmen ihn ein. Ihr Bauch beginnt zu zittern und sie zieht schnell und lautstark die Luft durch die Zähne ein.

»Oh mein Gott. Ja!«, brüllt sie plötzlich und ein harter Ruck rast durch ihren Körper.

Sie hechelt, zuckt mehrmals und gibt einen kurzen, spitzen Schrei von sich, bevor sie mit den Händen den Kopf von Noah von sich wegdrückt.

»Bitte … bitte … das ist … das ist zu … zu viel!«, stammelt sie, während ihr Körper weiterhin unkontrolliert zuckt.

Erst jetzt löst Noah seinen Mund von ihrem Kitzler und zieht die Finger aus ihr zurück. Schwer atmet sie durch, holt tief Luft und lächelt zufrieden. Ihre Muskeln entspannen sich und ihre Augen gehen auf. Mit einem zufriedenen Glitzern darin strahlt sie ihren Ehemann an.

Noah richtet sich vor ihr auf und zieht das Sakko aus. Dana blickt von ihrem Mann zu seinem besten Freund und schaut zu, wie die ersten Knöpfe des Hemds aufgehen.

»Hilf ihm!«, raunt Pauls Stimme, wobei sich Dana gar nicht so sicher ist, ob sie es wirklich gehört hat.

Dennoch beugt sie sich vor und öffnet den Gürtel der Hose. Es folgen der Knopf und der Reißverschluss. Es zeigt sich ein grauer Slip, aus dessen Bund eine Eichel herausragt. Feucht, rot und glänzend. Dana grinst, während sie die Hose herabstreift.

Gleichzeitig hat Noah alle Knöpfe geöffnet und wirft nun auch das Hemd zur Seite. Sein Brustkorb ist muskulös und unbehaart. Das gefällt Dana und sie leckt sich über die Lippen. Mit beiden Händen stößt sie gegen seinen Brustkorb und er fällt nach hinten. Dana geht auf allen vieren wie eine Raubkatze auf ihn zu, grinst breit und packt seine Hose, um sie ihm mit mehreren Zügen herunterzuzerren. Siegessicher lächelnd lässt sie die Hose neben dem Fell fallen und nähert sich ihm erneut. Noah liegt auf dem Boden und lächelt sie lüstern an, während sie ihm auch noch den Slip herabzieht und seinen Ständer in die Freiheit entlässt.

»Mach es ihm auch mit dem Mund!«, flüstert eine Stimme in ihr Ohr und sie glaubt für einen Moment, es sei die von ihrem Ehemann.

Ohne nachzudenken, beugt sie sich vor, blickt Noah tief in die Augen, packt seinen Schwanz und leckt ihn von den Hoden bis zur Spitze ab. Noah stöhnt zufrieden und lächelt noch breiter. Oben angekommen küsst sie die Eichel, leckt kreisend darüber, um anschließend ihre Lippen darüberzustülpen. Unaufhaltsam gleitet sie nach unten, schiebt die Vorhaut, soweit es geht, herab um sogleich wieder nach oben zu gehen. Das wiederholt sie immer wieder. Dabei saugt und leckt sie an dem Stab, sodass Noahs Stöhnen lauter und genüsslicher wird.

»Oh, Paul, deine Frau bläst unglaublich gut«, schwärmt er schwer atmend und nach Luft schnappend.

Danas Kopf saust nun regelrecht auf und ab. Mit der Linken massiert sie seine Eier und zwischen ihrem Daumen und dem Zeigefinger der anderen Hand reibt sie mit kurzen, heftigen Bewegungen den Stamm vor ihrem Mund.

Noahs Stöhnen wird noch lauter, genauso wie das Schmatzen an seinem Ständer. Gleichzeitig beginnt nun auch Dana mit lüsternen Tönen, die an Seufzen oder Stöhnen erinnern.

»Oh mein Gott, das ist der beste Blowjob, den ich je bekommen habe«, presst er angestrengt hervor.

Seine Bauchmuskeln spannen sich an. Die Beine vibrieren und zittern. Er verdreht die Augen und stöhnt noch lauter.

»Oh ja. Ich komme! Ich komme!«, schreit er heraus.

Dana lässt sich nicht beirren. Immer weiter saugt, leckt und lutscht sie an seinem Schwanz, bis sein Becken auf einmal hart zuckt und Noah einen dumpfen Ton herauspresst. Sein Gesicht ist zu einer verzerrten Fratze geworden und die Augen sind geschlossen. Noch ein Ruck und Dana schluckt so schnell es geht. Sperma tropft aus ihren Mundwinkeln. Es folgen noch zwei weitere kurze Zuckungen, bevor Noah tief und zufrieden durchatmet.

»Wow, war das geil!«, schwärmt er und streichelt über Danas Kopf, die noch immer an seinem Schwanz leckt.

»Mach weiter, hör nicht auf!«, raunt die Stimme ihres Mannes.

Dana umschließt erneut die Eichel mit ihren Lippen und reibt damit auf und ab. Der Schwanz bleibt so groß, wie er ist, und sie beginnt zu lächeln. Noah richtet sich auf, nimmt ihren Kopf in die Hände und zieht ihn von seinem Schwanz weg. Nur ihre Hand reibt weiter. Sie blicken sich kurz in die Augen, dann küssen sie sich heiß und innig. Ohne dass der Kontakt der Lippen verloren geht, schiebt er sie langsam nach hinten und legt sie rücklings auf das Fell. Noch immer spielen die Zungen miteinander. Danas Hand reibt seinen Schwanz, die andere streichelt seinen Nacken. Er schiebt sich zwischen ihre Beine, die sie anstandslos öffnet, und legt sich auf sie. Sie lässt den Schwanz los, dessen Spitze sogleich gegen ihre Öffnung drückt. Einen kurzen Augenblick zögert sie, denkt nach und löst sich von ihm. Mit weit geöffneten Augen starrt sie ihn an. Erst jetzt wird ihr klar, was sie hier machen – in Anwesenheit ihres Ehemannes! Sie traut sich gar nicht mehr, zu ihm zu schauen.

»W … warum?«, fragt sie leise.

Noah lächelt und senkt sein Becken noch tiefer, während sich seine Lippen auf ihre legen. Sein Ständer gleitet ungehindert in sie hinein. Ihr Bauch zieht sich zusammen und ihr Becken drückt nach oben, ihm entgegen. Beide seufzen zufrieden.

Mit langsamen Stößen bewegt er sich auf und ab, bis beide nach Luft schnappen. Ihre Hände liegen auf seinem Rücken, streicheln ihn und wandern zu seinem Hintern.

Er löst sich von ihrem Mund und blickt sie an. »Paul liebt dich von ganzem Herzen …«, beginnt er und bewegt sich etwas schneller, »… aber er weiß, dass er wenig Zeit für dich hat und befürchtet, dass du aus diesem Grund fremdgehst.«

Sein Schwanz schiebt sich unaufhörlich tief in sie hinein, drückt die Schamlippen auseinander und gleitet an den Innenseiten der Vagina entlang. Dana beißt sich schuldbewusst auf die Unterlippe.

»Aber das ist nicht schlimm für ihn. Er hat Verständnis dafür und …«, sagt Noah, atmet durch und drückt seinen Schwanz noch tiefer hinein, steigert das Tempo, »… die Vorstellung erregt ihn.«

Dana glaubt, sich verhört zu haben. Ruckartig schießt ihr Kopf zur Seite. Dort sitzt ihr Ehemann, der seinen Schwanz ausgepackt hat und ihn mit einem zufriedenen Lächeln im Gesicht wichst.

»Was?«, fragt sie ungläubig.

Dana sieht nur ein Kopfnicken von ihrem Mann.

Noah fährt fort: »Er findet die Vorstellung geil, wenn du von einem anderen Mann verführt wirst. Von daher bat er mich, es heute zu probieren.«

Dana begreift nicht, was sie eben erfahren hat. Aber alles deutet auf die Wahrheit hin. Ihr Mann, der zusieht, wie sein bester Freund sie verführt und nun sogar fickt. Gleichzeitig wichst er und schaut erregt zu. Die immer schneller werdenden Stöße von Noah lassen ihre Gedanken in den Hintergrund schieben. Sie fühlt nur noch die heiße Lust, das prickelnde Ziehen und die glühende Lava in ihrem Inneren, die von seinem geilen Schwanz weiter aufgeheizt wird. Ihre Hände packen seinen Arsch und pressen ihn immer schneller an sich heran.

»Tiefer! Tiefer!«, stöhnt sie.

Sie und stellt ihre Beine auf, sodass sein Ständer noch weiter in sie eindringen kann. Er keucht und stößt noch härter zu. Hart klatschen seine Eier gegen ihren Hintern.

»Oh ja! So ist's gut! Fester! Fester! Komm! Schneller! Schneller!«, brüllt sie plötzlich und beginnt zu zittern.

Sie umklammert mit Armen und Beinen seinen Körper, und wie aus dem Nichts fährt ein heftiger Ruck durch sie hindurch. Noah bleibt still auf ihr liegen, während sie unter ihm wild zuckt, stöhnt und keucht. Ihre Beine zittern und ihr Atem pfeift lautstark in seinem Ohr. Sie spürt die Lustwellen in sich überschwappen und gleichzeitig seinen Ständer, der wie ein Heizstab eines Kernkraftwerks versenkt ist.

Gerade klingt das Gefühl ab, da entsteht von dem Ständer in ihrer Möse die nächste Welle. Sie schnappt nach Luft und, ohne dass sie es verhindern kann, zuckt sie erneut und stöhnt genüsslich ihre Geilheit heraus. Sie kann es nicht fassen. Zwei Orgasmen kurz hintereinander! Insgesamt waren es jetzt schon vier!

Ganz langsam entspannt sich ihr Körper, und sie entlässt Noah aus der Umklammerung. Schwer atmend und schwitzend blicken sie sich tief in die Augen, bevor sie zu ihrem Mann schaut. Dessen Schwanz ist klein, Sperma klebt auf seinen Händen und sie weiß, dass er abgespritzt hat.

Sie schiebt Noah von sich runter und lässt ihn auf dem Fell liegen. Sie wiederum platziert sich über ihm, packt seinen verschmierten, harten Ständer und schiebt ihn sich in die Muschi, während sie ihren Mann anschaut.

»Du findest es also geil, wenn ich einen anderen ficke?«, fragt sie außer Atem und lässt ihren Körper tiefer sinken.

Sofort ist dieses Gefühl der absoluten Fülle wieder da und sie seufzt lüstern. Paul nickt verlegen. Ihr Becken rutscht vor und zurück.

»Ist es also okay, wenn ich öfter mit Noah vögele?«

Sie genießt den Schwanz in ihrer Möse.

»Ja, ist es«, antwortet Paul und reibt seinen Penis weiter, der nun etwas größer wirkt als eben noch.

»Wenn ich also Lust auf Sex habe, rufe ich dich an und du schickst mir Noah, oder?«

Erneut nickt ihr Ehemann. Sie bewegt sich schneller. Noahs Hände ergreifen ihre Brüste und massieren sie.

»Würdest du mich sogar zu ihm fahren, damit ich ihn ficken kann?«, fragt sie verwegen und kreist nun auf seinem Schwanz.

Dieser drückt immer wieder an die empfindlichsten Stellen in ihr und die Geilheit wird größer.

»Ja. Ja, das mache ich«, keucht Paul mit hartem Schwanz.

»Während ich in seiner Wohnung von Noah gefickt werde, sitzt du unten in deinem Auto und holst dir einen runter?«, fragt sie kichernd und spürt sogleich die Hitze in sich aufsteigen.

»Ja … ja …«, stottert Paul und wichst schneller.

»Oder willst du lieber mit hochkommen und zuschauen?«

»Ja. Das … das wäre geil …«

Dana blickt zu Noah herab und grinst breit. Ihre Bewegungen werden langsamer und unkontrollierter.

»So geil! Das ist so geil, mit dir zu …«

In diesem Augenblick macht sie einen Katzenbuckel, ihr Gesicht verzerrt sich und sie stößt einen dumpfen Schrei aus. Ihr Becken zuckt mehrmals hart vor und zurück und der gesamte Körper zittert. Schwer atmet sie auf und ein zufriedenes Lächeln legt sich auf ihre Lippen. Der Unterleib schwingt langsam vor und zurück.

Vor ihr wichst ihr Ehemann seinen Ständer und wirkt dabei

sehr angestrengt. Mit großen Augen blickt er auf die nackten Körper vor sich. In den Augen seiner Frau entdeckt er ein unbeschreibliches Glänzen. Sie grinst ihn an.

»Dann schau genau zu!«, raunt sie, hebt ihren Körper an, bis die Eichel fast ihrer Möse entgleitet und lässt sich einfach fallen.

Hart rammt sich der Stab in ihren Körper hinein, und die heißen Lustwellen schießen in jeden Teil ihres Körpers.

»Ja!«, brüllt sie voller Leidenschaft und hebt ihren Leib erneut an, um ihn wieder fallenzulassen. »Ja!«

Ein breites, dämonisches Grinsen liegt auf ihren Lippen. Während sie sich erneut erhebt, blickt sie ihren Ehemann an. »Schau genau zu, wie sein Schwanz in meine Fotze gleitet!«

Ihr Körper fällt nach unten und sie schreit vor Geilheit.

»Ja! Ja!«, presst Paul heraus und wichst erneut.

»Gefällt dir der Anblick, wie sein harter, großer Schwanz in die Möse deiner Frau sticht?«, fragt sie angespannt.

»Ja! Oh mein Gott, ja!«, schreit Paul, sein Blick fest auf den Schwanz gerichtet, der in diesem Moment wieder im Leib seiner Frau verschwindet, die vor Geilheit aufschreit.

Das geht nun schneller. Immer öfter und heftiger rammt sich Dana den Luststab in die Fotze. Sie schreit jedes Mal noch lauter und ruft zwischendurch Noahs Namen. Sie scheint wie von Sinnen zu sein und brüllt sich die Lust aus dem Leib.

Noah unter ihr beginnt zu stöhnen. »Ich komme! Ich komme gleich!«, presst er hervor.

Dana jubelt: »Ja! Spritz ab! Spritz in mir ab! Gib es mir!«

In diesem Augenblick zuckt Noah unter ihr und pumpt sein Sperma in ihre Möse. Sie kreist auf seinem Schwanz und blickt ihren Mann an. Dieser wichst noch immer. Ihr Blick ist der einer Durchgeknallten. Und kaum hat sich Noah beruhigt, springt sie auf, stößt ihren Mann um und setzt sich auf sein Gesicht.

»Los, mein kleiner Fotzenlecker, hol dir den fremden Saft!« Sie ist total überdreht und scheint ihre intimsten Wünsche auszuleben. Warum auch nicht? Ihr Mann macht es doch auch.

»Ja, leck mich! Leck meine Fotze und den Saft von Noah aus mir heraus! Oh, das ist gut!« Dana stöhnt, ihr Bauch zieht sich zusammen und sie zuckt immer wieder.

Noah betrachtet das Ganze und grinst. Sein Schwanz liegt nun schlaff auf seiner rechten Leiste.

»Komm her!«, fordert sie Noah auf.

Er erhebt sich langsam.

Unter ihr wichst Paul seinen Schwanz, gleichzeitig leckt er die Möse seiner Frau. Sein bester Freund stellt sich vor Dana.

»Gib mir deinen Schwanz! Ich will ihn noch mal haben!«, raunt sie und greift danach.

Ihre Lippen sind weit geöffnet, als sie nach dem Glied schnappt und sanft daran saugt. Nach kurzer Zeit wird er größer. Sie wichst ihn zur Unterstützung. Unter ihr stöhnt Paul. Sein Schwanz spritzt kleine Mengen Sperma heraus, dennoch leckt er weiter.

»Gut gemacht! Braver Junge«, lobt sie ihn und tätschelt mit der freien Hand den Brustkorb ihres Mannes.

Sogleich bläst sie den Schwanz von Noah weiter, der wieder groß wird. Er schwebt waagrecht in der Luft und sie lutscht daran. Nach wenigen Minuten ist er wieder hart.

»Los, fick mich von hinten, während mein Mann mich leckt!«, befiehlt sie und beugt sich vor.

Noah platziert sich hinter Dana und schiebt ihr seinen Ständer hinein. Er packt ihre Hüften und vögelt sie schnell und hart. Unter ihr leckt die Zunge ihres Mannes über ihre Scham, den Schwanz und den Kitzler. Dana schreit vor Geilheit auf, während die Körper hart aufeinanderprallen.

»Oh, Scheiße, ich komme! Ich komme!«, brüllt sie plötzlich,

und Noah beschleunigt noch mehr.

»Ich auch!«, ruft dieser.

Fast gleichzeitig zucken beide Körper unkontrolliert auf Paul, dessen Zunge weiterhin ihre Möse leckt. Dana beginnt zu kichern, obwohl der Orgasmus noch gar nicht ganz abgeklungen ist.

»Oh Paul, es kommt Nachschub!« Sie kichert weiter, denn sie spürt, wie Noah ihr sein Saft hineingespritzt.

Paul lässt sich davon nicht beirren und leckt sie weiter, bis Noah sich aus ihr herauszieht und Dana erschöpft aufsteht.

»Wow, das war geil. Das will ich öfter haben!«, sagt sie schweißgebadet und glücklich lächelnd.

»Von mir aus gern.« Noah grinst und zuckt mit den Achseln.

Paul richtet sich ebenfalls auf. »Ich bin dabei. Hauptsache, du bist glücklich.« Dabei streichelt er seiner Frau über die Wange.

Noah lacht auf. »Na, ganz selbstlos ist das nicht von dir, mein kleiner Cuckold.« Er grinst Paul an.

Nun ist Paul es, der unschuldig mit den Achseln zuckt.

Das Sandwich mit meiner Freundin

Die neunzehnjährige Katja, die seit sieben Monaten mit dem zwanzigjährigen Sven zusammen ist, trifft sich heute mit Sven und seinen beiden früheren Klassenkameraden Kay und Tobi.

Zunächst geht es in einen Club, in dem sie richtig Spaß haben, anschließend bietet Kay an, noch bei ihm zu Hause weiterzufeiern, da seine Eltern übers Wochenende nicht da sind und er sturmfreie Bude hat. Es gibt Alkohol, sie rauchen einen Joint, den Tobi herumreicht, und sie hören laute Musik, auf die vor allem Katja tanzt.

Sie trägt einen knappen Jeansrock und ein schwarzes, enges, bauchfreies Oberteil, das mit einem Reißverschluss an der Vorderseite versehen ist. Ihr Körper bewegt sich im Takt der

Musik. Da bemerkt sie, wie die Jungs immer wieder zu ihr rüberblicken, lachen oder ein beeindrucktes Gesicht ziehen. Neugierig geht sie zu den drei Gestalten.

»Was gibt's denn?«, fragt sie und umarmt ihren Freund.

»Sven hat uns ein paar Sachen von dir erzählt«, sagt Tobi grinsend, und Katja merkt, wie ihr Freund versucht, ihn am Reden zu hindern.

»Ach ja? Was denn?«, fordert sie Tobi auf.

Der erzählt alles, was Sven zum Besten gegeben hat. Zunächst hat Kay sie bewundert, wie sie sich zur Musik bewegte und Sven hat betont, dass sie sich auch beim Sex super bewegt. Es sei ganz toll mit ihr. Und auf die Nachfrage, was die zwei denn so alles machen, erklärte Sven, dass Katja alles macht. Sämtliche Stellungen, auch oral. Sie sei eine Granate, und dass er es kaum erwarten könne, sie nachher nochmals zu ficken. Dann würde er genauso verschwitzt sein wie Katja.

»So etwas erzählt er?«, fragt sie ungläubig.

Kay und Tobi nicken grinsend, und Sven wird kleiner.

»Was hat er denn sonst noch so alles erzählt?«

»Na, dass du eine Granate im Bett bist und die Bude zusammenschreist, wenn du kommst«, erzählt Kay amüsiert.

Katja blickt Sven an. Ihre Augen drücken sich etwas zusammen. Auf der einen Seite freut sie sich darüber, von ihrem Freund als Granate bezeichnet zu werden, auf der anderen Seite scheint es ihm nicht zu gefallen, dass sie in Wahrheit ruhig ist, wenn sie ihren Höhepunkt hat. Es ist eher ein Seufzen und ein Innehalten, als dass sie wie eine Furie schreit und um sich schlägt. Sie würde sich dabei wie eine Schlampe oder Flittchen fühlen. Dass Sven so etwas erfindet, gefällt ihr gar nicht.

»So, so. Und was noch?« Ihr Blick löst sich keinen Augenblick von ihrem Freund.

»Na, so alles Mögliche. Dass du heiße Unterwäsche trägst,

dich rasierst und genial geil blasen kannst.«

Katjas Augen werden zu kleinen Schlitzen. Das mit der Unterwäsche stimmt, aber das geht niemanden etwas an, auch dass sie sich rasiert. Aber dass Sven behauptet, sie könne geil blasen, ist doch wohl der Hohn. Sie hat es bisher zwei Mal gemacht, aber nur, weil er darum bettelte. Es ist nicht ganz so ihr Ding, hängt aber auch mit der Vorstellung zusammen, als Schlampe angesehen zu werden, wenn sie so etwas macht.

»Na, und dass du gern auf ihm reitest.« Kay lacht, hebt die rechte Hand und simuliert einen Cowboy, der auf seinem Pferd reitet und die Zügel hält.

»Ich glaube, du musst aufhören«, sagt Tobi lachend und schlägt Kay auf die Schulter. »So, wie Katja ihren Freund anschaut, wird sie ihn gleich fressen.«

Nun lachen beide.

Sven hingegen ist noch kleiner geworden und scheint seinen Kopf ganz weit zwischen die Schultern ziehen zu wollen.

»Hey, also ich finde das cool, dass du so drauf bist!«, sagt Kay. »Die meisten Mädchen sind total verklemmt. Sei nicht böse auf Sven, er findet dich einfach super und hat uns das mitgeteilt!« Kay hebt beruhigend beide Hände.

Nur dass fast alles gelogen ist, denkt Katja und durchbohrt ihren Freund förmlich mit den Augen. Sie ist stinksauer und würde ihm am liebsten den Kopf runterreißen.

»Na, außer, dass du nicht gern oral befriedigt werden möchtest. Das gefällt dir anscheinend nicht, meinte Sven«, setzt Tobi noch einen drauf.

Katja glaubt, sich verhört zu haben.

»Ich kenne auch ein paar Mädchen, die das nicht wollen«, sagt Kay, und während er weiterspricht, schließen sich Katjas Augen und scheinen pures Gift zu verströmen. »Aber entweder finden sie die Vorstellung, oral befriedigt zu werden, grundsätzlich ekelhaft und blasen auch keinen, oder es ist ihnen peinlich, ihre Muschi dem Kerl zu präsentieren. Aber den Erzählungen nach scheinst du nicht so zu sein.«

Katja scheint ihren Freund noch immer mit Blicken in den Boden rammen zu wollen. *So ein Arsch!*, denkt sie. *Als ich ihm einen blasen sollte, bat ich ihn nachträglich darum, dass er es mir auch mit dem Mund macht, aber er lehnte ja mit so einer dämlichen Ausrede ab!*, ärgert sie sich im Stillen. Sie kocht innerlich. Aber ganz plötzlich hat sie eine Idee. Sie beschließt, dieser zu folgen, und dreht ihren Kopf zu den Jungs.

»Tja, da hat Sven nicht ganz die Wahrheit gesagt. Ich liebe es, geleckt zu werden, aber wie sagte mein Freund damals, als wir darüber sprachen?« Sie tut so, als würde sie nachdenken, bevor die Erinnerung einschlägt. »Ach ja. Er sagte: Ich bin doch kein Fotzenlecker!« Die letzten fünf Worte sagt sie tiefer, um seine Stimme nachzuahmen.

Kay und Tobi lachen schallend, und Letzterer schlägt Sven auf die Schulter. »Hey, Alter! Eine Möse auszulecken, ist doch geil!« Er lacht weiter und schüttelt verständnislos den Kopf.

In Katja zieht sich etwas in ihrem Unterleib zusammen. Etwas Kleines, aber unglaublich Intensives, was zu einem begehrlichen Kribbeln wird.

Sven verzieht das Gesicht und zuckt unschuldig mit den Schultern, wie ein Fußballspieler, der eben einen Gegner gefoult hat und dem Schiedsrichter zeigen möchte, dass er gar nichts getan hat.

»Vor allem, wenn sie rasiert ist«, raunt Tobi, grinst Katja breit an und zwinkert ihr zu.

Da war sie wieder, die verratene Intimität, die niemanden etwas angeht. Katja überspielt die Wut gekonnt und lächelt fast schon überheblich und arrogant.

»Natürlich. Vor allem, wenn ich immer seinen behaarten

Schwanz lutschen soll.« *So, jetzt habe ich es dir gegeben*, denkt Katja und grinst Sven grimmig an.

»Warum rasierst du dich nicht?«, fragt Kay und starrt Sven ungläubig an, als ob es das Natürlichste auf der Welt für einen jungen Mann sei, seinen Intimbereich zu rasieren.

»Ähm …«, sagt Sven.

Aber Katja erlöst ihn, indem sie die andren beiden fragt: »Soll das heißen, dass ihr rasiert seid?«

Ungläubig, aber leicht amüsiert starrt sie von einem zum anderen. Beide nicken wie selbstverständlich.

»Klar, das machen doch alle«, sagt Tobi.

»Nun ja, anscheinend nicht alle« Kay schlägt Sven auf die Schulter und lacht mit Tobi über ihn.

Katja kann nicht anders, sie lacht mit.

»Du glaubst uns nicht, was?«, fragt Kay.

Katja setzt einen skeptischen Blick auf.

»Na gut«, meint Kay und öffnet seinen Gürtel, gefolgt vom Hosenknopf seiner Jeans.

»Hey …«, sagt Katja und lacht ungläubig.

Bevor sie noch etwas sagen kann, ruft Sven dazwischen: »Ey, was wird das?« Dabei hebt er die Hände und macht einen Schritt auf die zwei zu.

Katja beobachtet grinsend, wie beide ihre Reißverschlüsse öffnen. Kay trägt einen schwarzen Slip, deutlich ist seine Erregung zu sehen. Tobi hingegen trägt graue Boxershorts mit weißen Punkten darauf. Auch diese zeigt eine Beule mit einem feuchten Fleck an der Spitze.

»Jungs, ich denke, das reicht …«, ruft Sven und kommt den beiden nahe, aber die ziehen gerade ihre Unterhosen runter.

»Warum denn? Ich möchte endlich mal rasierte Schwänze sehen«, sagt Katja, hebt ihre Hand und stoppt damit Sven, der sie mit großen Augen anstarrt.

Seine Freundin lächelt hämisch. Sie dreht den Kopf und blickt auf die beiden Ständer von Kay und Tobi, die steil nach oben stehen. Die Vorhäute sind so weit zurückgezogen, dass die Eicheln rötlich glänzend auf sie zeigen. Die Stäbe, die Größe, das Volumen, die Länge, die Farbe, all das scheint Katja in den Bann zu ziehen. Wie hypnotisiert starrt sie auf die Ständer, ohne die eigentliche Rasur zu bemerken.

»Und? Gefällt es dir?«, fragt Kay amüsiert und reißt damit Katja aus dem tranceähnlichen Zustand.

»Ähm, ja. Klar!«, gibt sie verdattert von sich.

»Katja!«, ruft Sven empört und starrt sie mit bösem Blick an.

Das wiederum gefällt Katja. »Was denn? So ein rasierter Schwanz sieht schon geil aus.« Sie kichert und blickt von einem Ständer zum anderen. Ihre Augen wandern zu Sven, der mit hochrotem Kopf dasteht und sie mit großen Augen anstarrt.

In Katja blüht die nächste Idee auf, wie sie sich an ihm und seiner indiskreten Art rächen kann.

»Komm, zeig uns doch deinen Haarwuchs!« Sie kichert und die beiden Jungs neben ihr, lachen mit.

»Ja, komm Sven, lass auch die Hosen runter«, sagt Tobi.

»Quatsch!«, ruft Sven.

»Jetzt mach doch, oder ich probiere es tatsächlich aus, wie sich so ein rasierter Sack anfühlt!«, sagt Katja und stellt sich zwischen die beiden Jungs und legt ihre Hände ganz nah an die Leisten.

Svens Augen werden immer größer, und Katja amüsiert sich noch stärker. Und plötzlich spürt sie an den Fingerspitzen die weiche Haut der Hoden. Sie kichert.

»Los, zieh dich auch aus, Sven!«, raunt sie und grinst.

Ihre Finger wandern langsam tiefer, bis sie die Hoden komplett in den Händen hält. Sanft spielen ihre Finger mit den Eiern.

»Wow, deine Freundin macht das echt geil«, jauchzt Kay.

»Das fühlt sich echt total geil an, so ein rasierter Sack.« Sie kichert wieder und strahlt Sven förmlich an.

»Los, Sven, Hosen runter, oder ich fasse bei den Jungs noch mehr an!« Sie grinst lüstern.

Ihre Hände wandern langsam massierend in Richtung Stamm. Dachte sie, Svens Augen könnten nicht größer werden, wird sie nun eines Besseren belehrt. Noch zwei Sekunden des Zögerns, da greift Sven an seine Hose und öffnet sie.

»Na also, es geht doch!« Katja lacht und bewegt ihre Hände am jeweiligen Ständer höher. Schon berührt sie diese an der Unterseite.

»Hör auf! Ich mach ja schon!«, ruft Sven hastig, fast in Panik.

Schnell zieht er seine Jeans samt Unterhose runter. Ein schlaffer Schwanz, klein und weich zeigt sich den anderen.

»Uuuuh!«, macht Tobi und wedelt wie ein Rapper mit der rechten Hand. »Das ist aber nicht besonders anregend, oder?«

Katja lacht. »Nein, überhaupt nicht. Da finde ich die hier …«, ihre Hände gleiten höher und umgreifen die beiden Schwänze, »… viel heißer«, haucht sie grinsend.

Ihre Augen leuchten vor Aufregung, während sie Sven hämisch anstarrt. Sie kann sich kaum noch beherrschen. Sämtliche gesellschaftlichen Blockaden, die aus Anstand und Moral bestehen, bröckeln wie ein Staudamm unter einem zu großen Wasserdruck.

»Was machst du, Katja? Ich … ich habe doch alles gemacht, was … was du wolltest«, jammert er.

Katja glaubt sogar, feuchte Augen bei Sven zu entdecken. Gleichzeitig verspürt sie etwas, was sie bisher noch nicht kannte. Freude darüber, dass ihr Freund leidet. Und nicht nur Freude, es erregt sie sogar. Ihre Hände gleiten weiter nach oben, bewegen die Vorhaut und ihre Finger erreichen die beiden Eicheln.

Sanft streicheln sie darüber, bis sie komplett in ihren Fäusten verborgen sind. Katja senkt den Kopf wie ein Stier vor dem Angriff. Ihr Grinsen wird fast schon dämonisch.

»Bitte mich darum!«, sagt sie mit dumpfer, leiser Stimme.

Ihre Hände gleiten abwärts und schieben die Vorhaut runter.

»W … was?« Sven glaubt, sich verhört zu haben.

»Bettele darum, dass ich aufhöre, die Schwänze deiner Freunde zu wichsen«, sagt sie noch dumpfer, aber bestimmt. Ihre Hände reiben nun schneller auf und ab.

»Bitte, hör auf!«, fleht er sie an und wirkt total jämmerlich.

Katja stellt fest, dass es sie noch mehr erregt.

»Knie dich vor mich!«, befiehlt sie.

Ihre Hände wichsen noch schneller die Schwänze, was ihre Erregung weiter steigert. In ihrem Unterleib zieht und kitzelt es wie verrückt. Zu ihrer Überraschung und noch größeren Erregung kniet sich Sven tatsächlich wie ein Häufchen Elend vor ihr hin. Katja stellt ihre Beine weiter auseinander. Der Rock hängt noch immer recht weit oben und ihr roter String aus Spitze ist deutlich sichtbar. Während ihre Hände immer druckvoller und intensiver die beiden Schwänze links und rechts von ihr wichsen, schiebt sie ihr Becken nach vorn.

»Los! Küss meine Muschi! Dann höre ich auf, die Schwänze zu wichsen!«, raunt sie erregt.

Ihr Becken schwingt wie von selbst vor und zurück. Dieses Ziehen im Unterleib raubt ihr fast den Verstand. Die heißen Wellen, die sich von der Mitte ihres Körpers ausbreiten, bringen immer mehr Lust in ihren Kopf.

»Mach kein Scheiß, Alter!«, ruft Tobi halb stöhnend, halb lachend, aber weder Sven noch Katja beachten ihn.

Zögernd, wie in Zeitlupe, bewegt sich Svens Kopf vorwärts. Flehend blickt er zu ihr hoch, aber Katja kennt in diesem

Augenblick keine Gnade. In ihr tobt pure Geilheit.

»Los! Mach schon! Küss meine Möse!«, presst sie die Worte voller Ungeduld heraus.

Ihr Becken schiebt sich noch schneller und weiter nach vorn. Svens Lippen legen sich sanft auf ihren Slip auf Höhe des Schambeins.

»Mein Gott! Weißt du eigentlich nicht, wo meine Möse ist?« Rau lacht sie auf und wichst noch schneller. »Ich bin mir sicher, die beiden Jungs hier, wissen das besser!«

Und Tobi sowie Kay stimmen ihr johlend zu.

»Küss meine Möse!«, sagt sie nun brutal deutlich.

Seine Lippen wandern tiefer, finden den feuchten Fleck und küssen sie dort. Sie wichst noch schneller.

Erstaunt blickt Sven zu ihr hoch. »Ich dachte, du … du hörst auf!«, sagt er überrascht und irgendwie enttäuscht.

»Ich sagte, du sollst meine Möse küssen, nicht meinen Slip!«

Ihre Mundwinkel zieht es nach oben, während ihre Hände noch fester vor und zurück fliegen.

Erschrocken blickt Sven zu ihr hoch, anschließend auf die Slips, ihre sich bewegenden Hände und die Schwänze darin, die leise schmatzen. Dann blickt er wieder zu ihr hoch und auf dem roten String. Er schluckt. Seine Hände liegen auf ihren Schenkeln und wandern zu ihren Hüften hoch.

»Nicht ausziehen! Schieb ihn einfach zur Seite und küss meine Möse!«, fordert Katja und findet es immer geiler, ihrem Freund diese Kommandos zu erteilen.

Noch geiler ist es, dass er es so unterwürfig macht. So wie jetzt. Die Finger seiner rechten Hand schieben sich von der Leiste unter den Slip und drücken ihn zur Seite. Katja weiß, dass er nun ihre Schamlippen und den Kitzler sieht. Ihre Klitoris, die Vagina, einfach ihre Möse. Nein, ihre Fotze!

»Küssen!«, raunt sie mit bebender Stimme.

Die Hitze in ihrem Unterleib ist vor Aufregung kaum noch zu bändigen. Seine Lippen legen sich auf ihre Schamlippen und Katja stöhnt zufrieden. Ihre Hände reiben die beiden Schwänze, und sie genießt es. Sie sind hart, fest und groß.

»Weiter! Küss mich weiter! Oh ja!«, haucht sie.

Ihre Augen werden kleiner und sie reibt mit ihrer Muschi gegen seinen Mund, der sie immer häufiger küsst. Ihre Hände drücken die Schwänze fester.

»Streck die Zunge raus! Los!« Ihre Stimme bricht fast.

Sven tut es. Ihre Scheide gleitet darüber, Katja stöhnt lauter.

»Oh ja! Endlich! Endlich leckst du mich! Ja, du bist mein Fotzenlecker!« Die Worte peitschen aus ihrem Mund.

Sie stößt mit dem Becken hart nach vorn. Aber die Geilheit will nicht zunehmen. Im Gegenteil, sie kühlt etwas ab. Seine Zunge leckt unkontrolliert, ohne jede Leidenschaft, eher zögernd und zurückhaltend über ihre Scham. Das macht sie gar nicht an, und sie wird sauer. Außerdem hört Sven auf und blickt sie wieder mit einem flehenden Gesichtsausdruck an.

»Jetzt kannst du doch aufhören, oder? Ich habe alles gemacht, was du wolltest.«

Oh, dieser Jammerlappen, denkt Katja und spürt wieder die Wut aufkochen. »Aber du leckst nicht gut! Ich bin mir sicher, die Jungs können das besser, oder?« Sie blickt nach links und rechts.

Beide Jungs rufen fast gleichzeitig: »Klar!«

Katja lässt die Schwänze los und drückt ihren Freund von sich weg. In diesem Augenblick sieht sie an ihm herab und bemerkt seinen Ständer.

»Hey, findest du es doch geil, meine Fotze zu lecken?«, fragt sie und zeigt amüsiert auf seinen Schwanz.

Verlegen beißt sich Sven auf die Unterlippe.

»Vielleicht findet er es einfach nur geil, wie du uns einen

runterholst«, vermutet Kay lachend.

Er zieht Katja nach hinten, bis diese auf der Couch Platz nimmt. Er kniet vor ihr nieder und schiebt die Beine auseinander.

»So, Sven, sieh genau zu und lerne!«, ruft Kay gut gelaunt und küsst abwechselnd die Innenseiten von Katjas Schenkel, bis sein Mund bei ihren Leisten angelangt. Dort leckt er sanft drüber, bis die Zungenspitze gefühlvoll über die Schamlippen gleitet. Sofort ist die Hitze wieder da. Katja schließt kurz die Augen, und als sie diese wieder öffnet, schaut sie zu ihrem Freund. Der kauert etwas von ihnen entfernt am Boden und blickt zu seiner Freundin, die auf der Couch von einem seiner Kumpel oral befriedigt wird.

Tobi kniet sich in diesem Augenblick neben sie.

»Willst du nicht weitermachen?«, fragt er und schiebt sein Becken mit seinem Ständer einladend vor und zurück. Ohne nachzudenken, ergreift sie ihn und beginnt zu wichsen. Dabei blickt sie in Svens Augen. Während Kays Zunge immer intensivere Lustwellen in ihrem Unterleib produziert und das geile Ziehen mehr und mehr verstärkt, mustert sie ihren Freund, dessen Gesichtsausdruck wie weggetreten wirkt. Ihre Hand wichst den Schwanz von Tobi, dessen Finger den Reißverschluss ihres Oberteils langsam nach unten ziehen. Katjas Augen kleben noch immer auf Svens Gesicht, wandern aber tiefer und entdecken seinen Ständer, den er in der rechten Hand hält. Als ob er ihn verbergen wollte. Er hat einen Ständer! Gerade war es noch ein schlaffer Wurm, beim Lecken wurde er größer, aber jetzt, jetzt ist es ein praller Schwanz!

»Komm her!«, stöhnt sie, wichst und genießt die Zunge, die gerade über ihrem Kitzler kreist.

Mit der linken Hand winkt sie ihn heran. Sven richtet sich auf und kommt zu ihr gekrabbelt.

»Schau zu, wie mich Kay leckt! Vielleicht lernst du noch etwas!« Sie kichert rau und zuckt plötzlich.

Ein Stöhnen bricht das Lachen ab und sie beginnt zu beben. Sie rutscht immer weiter vor und liegt nun fast schon auf der Couch. Das Becken zuckt, ihre Hand wichst schneller und lässt auch Tobi stöhnen. Das Oberteil von ihr ist nun geöffnet, Tobis Hand gleitet sanft über das Brustbein zur rechten Brust. Dort drückt er sanft die Haut und klemmt die aufgestellte Warze zwischen den Fingern ein. In Katja scheint sich ein Sturm zusammenzubrauen. Die Bilder und Gefühle zischen durch ihren Verstand und heizen ihr weiter ein. Die Zunge von Kay an ihrer Muschi, sein gieriger Blick, der auf Katja gerichtet ist, der Schwanz in ihrer Hand, der Kopf zwischen ihren Beinen, die Hand auf ihrer Brust, ihr Freund, der mit glasigen Augen auf die Zunge starrt, und sein Arm, der sich langsam auf und ab bewegt … Er wichst! Ihr Freund wichst, während sie geleckt wird!

Katja explodiert. Ihr Unterleib scheint zu verglühen. Die Lustwellen schießen durch ihren Körper und sie schreit ihre Geilheit heraus. Sie zuckt unkontrolliert auf der Couch, stößt einige spitze Schreie aus, keucht, stöhnt und atmet hastig die Luft ein und aus.

Nach einigen Minuten beruhigt sie sich wieder und atmet erleichtert tief durch. Kay grinst sie mit feucht verschmiertem Mund an und Tobi knetet weiter ihre Brüste.

»Wow, bist du geil!«, sagt Tobi anerkennend.

Katja freut sich darüber. Sie wendet sich an Sven: »Hast du gewichst? Los, ich will es sehen!«

Ihr harter Blick lässt Sven sich aufrichten. Drei Augenpaare blicken auf seinen Ständer in der Hand. Tobi kichert, Kay verdreht grinsend die Augen und Katja prustet los.

»Oh Mann, Sven, du wichst, während deine Freundin geleckt wird? Unglaublich!« Sie schüttelt ungläubig den Kopf.

»Es … es tut mir leid!«, sagt Sven unterwürfig und möchte noch etwas ergänzen, aber Katja wischt den Versuch weg.

»Zieh mich aus!«, befiehlt sie.

Sven glaubt, nicht verstanden zu haben. »W … was?«

»Los! Zieh mir den Rock und den Slip aus!«, keift sie ihn an.

Sven macht sich sogleich an die Arbeit und zeiht beides aus. Erstaunt blickt er auf die rasierte Möse.

»Du hast doch gerade gesehen, wie das geht. Also: Leck mich jetzt auch!«, befiehlt sie ihm und richtet ihren Oberkörper auf.

Sven nähert sich langsam ihrer Muschi, während Katja die beiden Jungs um sich versammelt und ihre Schwänze wichst. Kaum liegt Svens Mund auf ihren Schamlippen, schnappt ihr Mund nach dem Schwanz von Tobi und beginnt, ihn zu blasen.

»Wow, Sven, du hattest recht: Deine Freundin bläst super!«, stößt dieser hervor und streichelt ihre Brüste.

»Hey, das will ich auch mal!«, interveniert Kay, dessen Ständer Katja zwar heftig reibt, aber eben nur wichst.

Katja löst sich von Tobis Schwanz, blickt ihn voller Begeisterung an und wendet den Kopf. Nun schnappt sie nach Kays Schwanz und beginnt, sofort daran zu saugen, zu lecken, zu lutschen und ihn zu verwöhnen.

»Oh, Scheiße, macht die das geil!«, presst Kay erregt heraus.

Katja wichst Tobis Ständer. Sie wechselt nun alle paar Sekunden. Mal bläst sie den einen, dann den anderen Schwanz, bis Tobi heftig zu stöhnen anfängt.

»Oh Mann, ich komme gleich! Ich spritze ab!«, ruft er.

Katja merkt, dass er sie warnen will. Falls sie nicht schlucken möchte, sollte sie aufhören. Aber sie denkt an Sven, dieses Großmaul, und dass sie es ihm heimzahlen möchte. Außerdem ist dieser Schwanz einfach nur geil, und neugierig war sie schon immer, wie das ist, wenn Sperma in den Mund spritzt. Ekel hin oder her. Sie saugt noch intensiver und leckt über die Eichel, bis sie das Zucken spürt. Kurz darauf spritzt schon die erste Ladung in ihren Rachen.

»Ja! Ich komme! Ich komme!«, ruft Tobi begeistert und strahlt in die Runde, selbst Sven blickt er an. »Deine Freundin ist eine Wucht! Schau nur: Die schluckt alles!«, presst er noch etwas gequält heraus, bevor er tief durchatmet.

Katja lutscht gemächlich an dem Schwanz, während ihre andere Hand weiter wichst. Und plötzlich wird Tobi unruhig.

»Oh ja! Ja!«, ruft er angestrengt.

Katja wendet sich zu ihm.

»Darf ich auf deine Titten spritzen?«, fragt er hektisch.

Sie nickt. Dabei drückt ihre Hand den Schwanz so nach unten, dass er direkt auf ihre Brüste zielt. Schnell und begeistert lachend wichst sie ihn, bis auch er mit einer Art Grunzen abspritzt. Langsam melkt sie ihn ab. Alle haben ein Lächeln auf den Lippen, nur nicht Sven. Dieser blickt seine Freundin mit einem feucht verschmierten Gesicht an, das irgendwie schuldbewusst wirkt.

»Was ist?«, fragt Katja, noch immer gut gelaunt von dem geilen Erlebnis mit den zwei Schwänzen.

»Ich … ich …«, stammelt Sven.

Aber Tobi klärt auf: »Ich glaube, er hat gerade ebenfalls abgespritzt.« Er grinst Katja und anschließend Kay an. »Die Couch ist bestimmt vollgespritzt.« Er kichert.

Kay blickt Sven böse an. »Sag mal, spinnst du!«

Er springt auf und schiebt Sven zur Seite, blickt zwischen den Beinen von Katja zur Unterseite der Couch. Deutlich sichtbar klebt Sperma daran, das abwärts läuft und tropft.

»Du kleiner Wichser! Das machst du sauber, klar?«, herrscht er Sven an, der noch weiter in sich zusammensackt.

»Klar macht er das. Aber zuerst eine kleine Strafe für unseren kleinen Wichser!«, ruft Katja euphorisch.

Sie winkt Sven mit dem Zeigefinger zu sich. Sie liegt noch immer schräg auf der Couch. Sven rutscht neugierig näher heran.

»Lutsch an meinen Titten!«, raunt sie.

Ihre rechte Hand wichst den Ständer von Tobi, der wieder groß geworden ist, und mit der linken knetet sie ihre Brüste, auf denen das Sperma von Kay ist.

»Aber … aber da ist …«, stammelt Sven mit großen Augen und zeigt auf die dickflüssige Pampe auf den Brüsten seiner Freundin.

»Genau«, sagt sie gehässig und in einem Ton, der keinen Widerspruch zulässt.

Voller Ekel im Gesicht kommt Sven näher, bis sie seinen Kopf packt und ruckartig runterdrückt.

»Na los, du kleiner Fotzenlecker! Oh nein, du bist ja jetzt ein Spermalecker.« Sie kreischt vor Lachen und drückt ihn noch fester in ihren Busen.

Sven hat seine Zunge rausgestreckt und leckt das fremde Sperma vom Oberkörper seiner Freundin. Dabei verspürt er die nächste Erregung.

Kay hat sich das Ganze einige Sekunden angesehen und hat ebenfalls wieder einen Ständer. Nun rückt er näher, rutscht zwischen Katjas Beine und schiebt ihn ihr in die Muschi.

»Jaaaa, geil!«, ruft sie noch lauter und seufzt lüstern.

Mit schnellen, kurzen Stößen vögelt Kay sie nun, während sie den Schwanz von Tobi wichst.

»Ja, das ist gut!«, ruft sie mit breitem Grinsen.

Sie drückt den Kopf von Sven weiterhin auf ihren Brustkorb, der nun bei jedem Stoß vor und zurück wippt.

»Oh, das habe ich gebraucht! Ja, so ein Fick ist einfach unbezahlbar!«, ruft sie voller Ekstase.

Ihr Körper beginnt zu zittern, ihr Gesicht verzerrt sich und sie kommt nochmals mit einem lauten Schrei. Wild zuckt sie auf der Couch, schnappt nach Luft und stößt unverständliche Laute aus, bis sie sich wieder beruhigt.

»Oh mein Gott, war das gut!«, sagt sie erschöpft und atmet schwer. Ihr Blick fällt auf Tobis Schwanz, der neben ihr in der Luft schwebt. »Setz dich, ich will das Sandwich ausprobieren!«, raunt sie und drückt Tobi neben sich auf die Couch.

Als Nächstes schiebt sie Sven weg und schwingt sich auf Tobis Schoß. Sofort drückt sie sich seinen Ständer in die Möse und blickt nach hinten. »Los Kay, schnapp dir meinen Arsch! Aber langsam, ja?«

»Klar!«, ruft er gut gelaunt.

Er platziert sich hinter Katja, die sich weit vorbeugt. Als ihr Gesicht nahe dem von Kay ist, küsst sie ihn in dem Moment, als die Eichel sich gegen ihre Rosette drückt. Ihre Zunge schiebt sich in den anderen Mund, da dringt Tobis Eichel in ihren Hintern ein. Sie stöhnt kurz und verkrampft. Tobi wartet und drückt sich erst weiter vor, nachdem sie sich wieder entspannt hat. Dann steckt er ganz drin.

»Oh mein Gott! Zwei Schwänze, so nah beieinander in meinem Körper«, raunt sie tief und hocherregt.

Dann beginnt sie, sich zu bewegen. Sofort stöhnt sie lauter. Es ist unbeschreiblich, und als Tobi ausholt und zustößt, ist es um sie geschehen. Nach zwei Stößen kommt Katja. Sie schreit, liegt zuckend und sich unkontrolliert auf und ab bewegend zwischen den beiden Jungs, die selbst schwer atmen.

Kaum ist ihr Orgasmus abgeklungen, kommt Tobi in ihrem Arsch. Er stöhnt kurz, zittert und atmet schwer durch. Katja wartet, bis er sich zurückgezogen hat, um anschließend Kay tief in die Augen zu blicken.

»Ich will, dass du jetzt in mir abspritzt, klar?«, raunt sie und lässt ihr Becken schnell auf- und abschwingen.

Sie fickt ihn mit aller Wucht. Immer schneller werden die Stöße, und schon nach kurzer Zeit stöhnt Kay lauter. Seine Bewegungen werden unkontrollierter und er verdreht die Augen. Ein kurzer Schrei, und Katja lacht erfreut auf.

»Ja! Komm! Spritz in mir ab! Ja! Ja!«, feuert sie ihn an, bis er kurz darauf erschöpft durchatmet.

Katja küsst ihn und steht dann auf. Sperma tropft auf die Couch und den Boden davor.

»Hm ... Sven, ich denke, da hast du mehr zu putzen, was?« Sie kichert und blickt zu Kay.

Er hatte das Wohnzimmer verlassen und kommt nun mit einem Eimer Wasser und einem Tuch zurück. Demonstrativ stellt er es vor Sven hin.

»Damit kannst du es putzen«, sagt er und grinst hämisch.

»Kann ich hier duschen?«, fragt Katja, deren Körper überall Spermaspuren aufweist.

»Klar. Komm mit!« Kay nimmt sie in den Arm und Tobi folgt den beiden aus dem Wohnzimmer.

Sven putzt die Couch und den Boden, bis das gesamte Sperma verschwunden ist. Dabei denkt er über die Situation nach. Er hatte ein loses Mundwerk und dafür hat sich Katja gerächt. Aber das Schlimmste daran war, dass es ihn erregte. Das war schon früher so. In der Schule hatte er eine Erektion, wenn er zu spät in den Unterricht kam und der Lehrer in dafür tadelte. Oder wenn es eine Aufgabe zu lösen gab und alle schon fertig waren, nur er nicht. Sie lachten über ihn, gaben ihm Spitznamen wie »Schnecke« oder »Kröte«. Und auch das erregte ihn. So wie heute, als seine Freundin ihn vor seinen Augen betrogen hat.

Etwas verwirrt geht er mit dem Putzeimer, ohne Hosen, ins Badezimmer und starrt auf die große begehbare Dusche, in der

Katja vorgebeugt dasteht, den Schwanz von Kay im Mund und den von Tobi in ihrer Möse. Oder wieder im Arsch? Egal, auf jeden Fall wird sie von hinten genommen, und er bekommt erneut einen Ständer.

Er hatte mal von solchen Männern gelesen, die es geil finden, wenn ihre Frauen sie betrügen und sie dabei zuschauen. Diese Männer hatten auch einen bestimmten Namen: Cuckold!

Deine Schlappheit wird mit Schlägen bestraft

Jan und Sarah sind seit vier Jahren verheiratet. Trotz ihres Alters, beide sind dreißig Jahre alt, denken sie noch nicht an die Kinderplanung. Sie genießen lieber das Leben.

Auch heute sind sie in der Altstadt unterwegs und sitzen gerade in einer gemütlichen Bar, als sich ein anderes Paar durch das Getümmel drückt und sich neben ihnen an der Theke Platz verschafft.

Jan mustert die Frau. Er schätzt sie auf Mitte dreißig. Sie trägt ein kurzes schwarzes Kleid, dessen Oberteil fast komplett aus Spitze besteht. Sehr scharf. Dagegen trägt seine Frau Sarah ein einfaches blaues Jeanshemd und einen dazu passenden Jeansrock, der etwas länger geschnitten ist als das Kleid der anderen Frau. Der Mann hingegen wirkt athletisch, ebenfalls im Alter der Frau, und trägt ein T-Shirt und Jeans.

Schnell kommen sie gemeinsam ins Gespräch. Jan ist überrascht, wie gut sich Sarah mit der anderen Frau versteht.

Die beiden stellen sich als Domenika und Tim vor. Jan fühlt sich von der Gruppe wie abgeschnitten, denn die beiden unterhalten sich unglaublich angeregt mit seiner Frau.

Als es zu laut und voll in der Bar wird, entscheiden sie ganz spontan, den Vorschlag von Domenika anzunehmen und zu den beiden nach Hause zu gehen.

Die zwei wohnen in einem der Häuser der Altstadt. Auf dem Weg dorthin flüstert Jan seiner Frau ins Ohr, wie überrascht er von ihrer Spontanität sei, einfach mit wildfremden Menschen mitzugehen. Sarah winkt jedoch gut gelaunt ab und betont, welches Vertrauen sie in die zwei neuen Bekannten habe.

In der Wohnung unter dem Dach der beiden bekommen sie etwas zum Trinken angeboten, bevor die Gespräche auf der Couch weitergehen.

Die Themen sind sehr vertraut und Jan bemerkt die eine oder andere Berührung von Domenika bei seiner Frau, die wie zufällig wirkt. Mal eine Hand auf ihrem Arm, mal auf dem Schenkel. Dabei lachen sie immer herzhaft. Für einen Außenstehenden könnte es so wirken, als ob die beiden Frauen schon seit Kindergartenzeiten die besten Freundinnen seien.

Nach den vertraulichen Gesprächen werden sie immer intimer. Domenika und Tim erzählen frei heraus, dass sie sexuell sehr aktiv und experimentierfreudig sind. Sie benutzen Sex-Toys, probieren immer wieder neue Stellungen oder suchen prickelnde Orte aus. Auch das Swingen haben sie versucht. Alles hat seinen Reiz.

Sarah staunt nicht schlecht, kommentiert lachend die Geschichten mit einem »Oh«, »echt?« oder »wirklich?«. Auf das eigene Sexleben zu sprechen gekommen, wiegelt sie ab, tätschelt den Schenkel von Jan und betont, dass sie da sehr konservativ seien. Das ärgerte Jan. Als ob man sich dafür entschuldigen muss.

Sarah hingegen wirkt neugierig und fragt das eine oder andere. Als Domenika betont, was Tim für eine gute Menschenkenntnis habe, will Sarah wissen, wie sich so etwas zeigt.

»Ich erkenne zum Beispiel, ob ein Mann schwul ist.«

»Na, das ist doch einfach!«, platzt es Jan heraus. »So, wie der sich bewegt oder schminkt. Dann die Stimme, das sagt doch schon alles.« Genervt blickt er in die Runde, die ihn verblüfft anstarrt.

»Das trifft auch zu. Aber es gibt viele Männer, die das verbergen. Manche sind verheiratet und geben es nicht zu. Das sind die, die ich auch erkenne«, sagt Tim.

In seiner Stimme liegt eine gewisse Überheblichkeit, und Jan presst genervt die Lippen aufeinander.

»Ach? Glaubst du vielleicht, dass ich schwul bin?«, fragt Jan sein Gegenüber mit einer Spur Aggressivität in der Stimme.

Tim aber winkt schmunzelnd ab. »Nein, schwul bist du nicht.« Es scheint, der Satz ist noch nicht zu Ende, oder es fehlt noch was.

Nun will Sarah es genauer wissen. »Was ist mein Mann dann?«

»Hetero«, antwortet Tim und grinst. »Mit besonderen Vorlieben«, ergänzt er und steigert damit Sarahs Neugier.

»Was denn für welche?«

»Ich glaube, er schaut gern zu.« Tims Stimme klingt abwertend und scheint Jan herablassend anzuschauen.

»Zuschauen? Wie …?« Sarah versteht nicht.

»Also …«, beginnt Tim mit der Erklärung, »es gibt Männer, die schauen anderen gern beim Sex zu. Das können ganz profan Pornos sein, das macht so ziemlich jeder gern.«

»Mein Mann nicht!« In Sarahs Stimme klingt deutlich der Stolz mit, während sie den Schenkel ihres Mannes tätschelt.

Dieser schweigt.

Tim geht nicht darauf ein. »Andere wiederum sehen sehr gern anderen Paaren live beim Sex zu. Das sind die sogenannten Voyeure. Die schauen auch gern nur Frauen zu, wie sie sich umziehen oder masturbieren.«

Sarah runzelt die Stirn.

»Und dann gibt es noch welche, die schauen gern zu, wenn

ihre Frauen angebaggert, berührt, verführt und gevögelt werden. Diese Männer nennt man dann Cuckolds.« Die letzten Worte sagt Tim betont langsam und lächelt verschmitzt.

»Echt?«, platzt es aus Sarah heraus und sie muss kichern.

Tim nickt, blickt zu Jan, der sich etwas unwohl auf der Couch windet und wendet sich wieder an Sarah: »Wie oft habt ihr eigentlich Sex?«

Jan glaubt, sich verhört zu haben. Das geht ihn doch wohl nichts an! Aber Sarah palavert frei von der Leber weg, dass sie es vielleicht einmal pro Woche treiben.

Domenika und Tim nicken verstehend, aber mitleidig. Anschließend erklären sie, dass sie es mindestens drei Mal pro Woche machen. Mindestens!

Als das Thema zu Sarahs Lieblingsstellungen und zu dem, was sie besonders bevorzugt, kommt, schaltet sich Jan wieder ein.

»Hey, ihr habt echt eine tolle Wohnung. Ist bestimmt teuer«, wirft er ein und blickt sich im Wohnzimmer um.

»Wie wäre es mit einer kleinen Wohnungsbesichtigung, hm?«, fragt Domenika und grinst verführerisch. Sie steht auf.

»Klasse Idee«, jubelt Sarah und springt in die Höhe, dabei klatscht sie Jan auf den Oberschenkel. »Lass uns die Wohnung anschauen!« Sie lacht ausgelassen und strahlt ihren Mann an.

Dieser erhebt sich zögerlich, sein Gesicht zeigt Unwillen.

»Na gut, aber anschließend gehen wir, ja?«, flüstert er ihr zu.

Zu viert geht es zur Besichtigungstour. Es finden sich die Küche, eine Gästetoilette und ein Badezimmer. Vor der nächsten Tür bleibt Domenika stehen und blickt sich zu den anderen dreien frivol lächelnd um.

»Und hier …«, sie drückt die Klinke runter und langsam schwingt die helle Tür auf, »… ist unser Liebesnest.«

Das Schlafzimmer ist relativ groß. In der Mitte steht ein eisernes Doppelbett. Das Kopf- sowie das Fußteil bestehen aus senkrechten Stäben. Die Eckpfosten sind etwas höher und an deren Spitze prangen glänzende Messingkugeln. Vor dem Bett steht eine alte, rustikale Holztruhe, die den Blick unter das Bett verbirgt. Diese steht auf kleinen Holzfüßen. Gegenüber davon nimmt ein sehr großer Kleiderschrank, dessen mittlere Doppeltüren, direkt gegenüber vom Bett, mit bodentiefen Spiegeln versehen sind. Auch über dem Bett und am Kopfende hängen große Spiegel, sodass diejenigen, die dort liegen, sich fast in jeder Position betrachten können. Die Vorhänge sind in einem dezenten Flieder gehalten, die Bettwäsche in einem hellen Grau.

»Wow!« Sarah ist überwältigt von dem Raum.

Sie geht ein paar Schritte hinein und zieht Jan mit sich mit. Die andere Hand gleitet sanft über das Holz des Schranks und der Truhe.

»Das ist eine schöne Liebehöhle«, schwärmt sie und grinst Domenika und Tim an. »So ein altes Bett habe ich schon lange nicht mehr gesehen, vor allem mit diesem Metall am Fußteil.«

Jan greift nach der Messingkugel und rüttelt daran. Jedoch bewegt es sich keinen Zentimeter. Es ist extrem stabil.

»Das Bett ist erst ein Jahr alt. Wir haben extra so eins gekauft, um noch mehr Spaß zu haben«, sagt Tim.

Sarah und Jan blicken ihn fragend an.

»Komm, Jan, zieh dein T-Shirt aus!«, sagt Tim und grinst breit.

Er tritt an Jan heran. Gleichzeitig geht Domenika zu einem der beiden Nachttischchen.

»He? Warum denn?« Jan ist überhaupt nicht begeistert von diesem merkwürdigen Vorschlag.

Aber seine Frau steigt gleich mit ein. »Jetzt hab dich nicht so. Die zwei wollen uns irgendetwas zeigen. Oder soll ich vielleicht mein Top ausziehen?« Provokativ grinst Sarah ihren Mann an.

Das letzte Argument zieht.

»Na gut. Ich weiß zwar nicht, was das bringen soll …« Er zieht sein T-Shirt und mit einer langsamen Bewegung aus und hält es kurz darauf in der Hand.

»Leg es auf das Bett!«, sagt Domenika von hinten.

Ihre Hände sind hinter ihrem Rücken versteckt. Etwas verunsichert und stirnrunzelnd von einem zum anderen blickend, streckt Jan seinen Arm aus und wirft das T-Shirt auf das Bett. In diesem Augenblick schnellt die Hand von Domenika vor und mit einem leisen Klick schließt sich eine Handschelle um sein Handgelenk. Jan ist total perplex, und bevor er reagieren kann, klickt es noch mal und die andere Schelle hängt am Metallbett, direkt unter der Messingkugel. Er ist mit einer Hand am Bett gefesselt.

»Hey, was …«, beginnt er.

Aber schon packt Tim seine linke Hand und führt diese zum anderen Bettpfosten. Auch hier kann er nicht schnell genug reagieren, außerdem hält Tim ihn mit eisernem Griff fest.

Es klackt noch zwei Mal kurz hintereinander und sein anderer Arm ist auf der anderen Seite fixiert. Durch die Breite des Bettes steht er nun vorgebeugt mit freiem Oberkörper an der Holztruhe, dessen obere Kante gegen seine Kniescheiben drückt.

»Was soll das?«, faucht Jan.

Aber Tim und Domenika lachen nur.

»Hey, ganz ruhig. Wir machen nur Spaß und wollen euch zeigen, was hier so alles abgeht«, sagt Domenika.

»Aha«, gibt Jan von sich und zerrt an den Handschellen.

Er unterlässt es jedoch sogleich mit schmerzverzerrtem Gesicht. Scharf schneidet sich das Metall in seine Haut, sodass rote Striemen entstehen.

»Komm, Sarah, zieh deinem Mann die Hose aus!« Domenikas Stimme klingt nun zärtlich und verführerisch.

»Hey, nein!«, protestiert Jan.

Aber seine Frau stellt sich kichernd hinter ihn und öffnet den Gürtel. Sogleich folgen der Knopf und der Reißverschluss.

»Sei kein Spielverderber! Oder wäre es dir lieber, wenn ich dort stehen würde?« Sie kichert und zieht ihm die Hose samt Boxershorts nach unten.

Der letzte Satz lässt Jan die Lippen aufeinanderpressen. Zumindest sagt er nichts mehr und lässt es mehr oder weniger zu, dass neben der Hose, den Shorts auch noch seine Socken von seiner Frau ausgezogen werden.

»Dein Mann ist nicht sehr gut bestückt, wie ich sehe«, sagt Domenika abfällig, während sie nach unten blickt, genau dorthin, wo der Penis von Jan senkrecht abwärts hängt. Durch seine vorgebeugte Stellung hat er keine Chance, ihn zu verbergen.

»Ich weiß«, bestätigt Sarah und beide Frauen lachen schallend.

Sarah begibt sich zum Nachttisch und holt zu Jans Erstaunen schwarze Lederriemen, die an den Enden Haken besitzen. Das Ganze erinnert ihn an Spanngurte, und seine Augen werden groß.

»Hey, nein …«, begehrt er auf und versucht, seine Füße wegzuziehen, aber er kommt durch seine Fesselung und vorgebeugte Position nicht weit.

Mithilfe von Tim hat Domenika sehr schnell die Fußfesseln angelegt und an den Bettpfosten befestigt. Dann bindet sie erst sein rechtes Bein und kurz darauf sein linkes Bein mit den Spanngurten fest, sodass sie ganz nah an den Bettpfosten stehen. Vorgebeugt, mit gespreizten Beinen und auseinandergezogenen Armen steht Jan nun gefesselt und fixiert vor dem Bett.

»Was soll das für ein Spaß sein? Ihr habt sie doch nicht

mehr alle. Macht mich los!«, ruft er.

»Und? Wie gefällt dir dein Mann so?«, fragt Domenika, ohne auf die Kommentare von Jan einzugehen.

»Das ist irgendwie geil«, antwortet Sarah mit einem breiten Grinsen auf dem Gesicht.

»Machst du das mit Tim auch manchmal so?« Neugierig schaut Sarah in die Augen von Domenika.

Diese schüttelt lächelnd den Kopf. »Nein, da hätte ich relativ wenig von ihm, wenn er so über der Kiste gebeugt dasteht. Außerdem ist das sehr unbequem, nicht wahr?« Domenika schlägt Jan auf seinen nackten Arsch, sodass es laut klatscht und er einen überraschten Schrei von sich gibt.

»Aber du könntest dich doch auf die Truhe setzen und dich von ihm so nehmen lassen, oder?« Sarahs Fantasie läuft nun auf Hochtouren.

»Das wäre auch für mich viel zu unbequem. Wenn, dann fessle ich meinen Mann direkt auf dem Bett und reite ihn durch.« Sie kichert und Sarah setzt mit ein.

»Und was machen wir jetzt mit ihm?«, will Sarah nach wenigen Sekunden wissen und zeigt auf ihrem Mann, wie auf ein Möbelstück, das im Weg steht.

»Schlag ihm auf den Arsch!«

»Was?«, schreit Jan. »Ihr habt sie doch nicht mehr alle! Macht mich sofort los! Hört ihr! Sarah!«

Er zerrt an den Fesseln und es klappert metallisch.

»Halt ihn fest, der ist mir zu laut«, ruft Domenika ihrem Mann zu, während sie zum Nachtschränkchen geht und ein weiteres Utensil besorgt.

Mit großen Augen starrt Jan Domenika an, die einen Riemen mit Schnalle und einem großen, roten Ball daran in der Hand hält.

»Nein! Nein!« Panik macht sich bei Jan breit.

Aber da packen Tims Hände seine Haare und reißen seinen Kopf nach hinten. Jan schreit auf, jedoch erstickt dieser Laut in dem Moment, in dem Domenika ihm den Ball in den Mund schiebt und die Schnalle an seinem Hinterkopf schließt. Nun dringt nur noch ein dumpfes Röhren aus seiner Kehle.

»Jetzt schlag ihm auf den Arsch«, befiehlt Domenika und blickt Sarah breit grinsend und lasziv an.

Es klatscht leise, als die Hand der Ehefrau auf dem Arsch von Jan landet. Dieser gibt einen dumpfen Ton von sich.

»Fester!«, ruft Domenika und lacht dabei.

Der nächste Schlag ist kräftiger, aber nicht hart genug. Domenika holt nun selbst aus und klatscht laut mit der Hand auf die eine Arschbacke. Jan zuckt und stöhnt lauter. Sein Kopf fliegt hoch und er blickt flehend zu seiner Frau. Diese lacht zusammen mit Domenika und schlägt ebenfalls zu. Mehrmals klatschen die Hände auf den Arsch, bis dieser sie knallrot anleuchtet.

»Greif zwischen seine Beine und pack seine Eier!«, raunt Domenika.

Jan lässt einen spitzen, gedämpften Schrei ertönen. Sarah kichert belustigt und greift an den Sack. Ihre Hände umschließen die Eier und spielen damit.

»Drück zu! Fest!«, sagt Domenika.

Im nächsten Augenblick stöhnt Jan erneut auf. Er jammert und fleht gedämpft, aber die beiden Frauen hören nicht auf.

»Vergleich sie doch mal«, sagt Domenika.

Sarah erschrickt, da sich Tim – unbemerkt von ihnen – ausgezogen hat und nun ebenfalls vorgebeugt neben den Frauen steht. Zuerst starrt Sarah erstaunt auf das nach unten hängende Gerät von Tim, das dick und lang hin und her baumelt. Aber schon kurz darauf gleitet ihre linke Hand zwischen seine Beine, schiebt den Schwanz beiseite und ergreift die Hoden von Tim.

»Und? Gibt es einen Unterschied?«, fragt Domenika lüstern.

»Oh ja!«, ruft Sarah lachend. »Der von deinem Mann ist rasiert.«

Sie spielt mit dem Hoden und sofort stellt sich das Ungetüm von Tim auf.

»Und noch etwas …«, sie kichert lüstern, »… dein Mann hat einen Ständer, meiner nicht.«

Nun lachen beide Frauen, wobei Domenika sehr schnell aufhört und zu ihrem Mann geht.

»Ja wie? Du hast einen Ständer?«

Sie packt ihn am Ohr und führt ihn zum Bett. Er lässt sich ohne Widerstand auf die Matratze stoßen und zuckt dümmlich grinsend mit den Schultern.

Neugierig starrt Sarah auf seinen Ständer, der dick, fett und mächtig nach oben zeigt. Ihre Hand massiert inzwischen langsam die Hoden ihres Mannes.

»Gefällt er dir?«, fragt Domenika und reißt Sarah aus ihrem hypnotischen Zustand.

Diese zuckt zusammen und ihre Augen huschen nach oben. Dort erblicken sie das breit grinsende Gesicht von Domenika.

»Komm her, und schau ihn dir an!«, sagt Domenika verführerisch.

Sarah lässt die Hoden ihres Mannes los. Dieser grunzt etwas Unverständliches, was wohl ein Widerspruch sein soll, den er einlegt. Aber Sarah geht, ohne den Blick von Tim zu lassen, ganz langsam um das Bett und stellt sich neben Domenika. Diese hat inzwischen ihre Hand um den Schaft ihres Mannes gelegt und bewegt ihn langsam auf und ab. Mit der freien Hand packt sie Sarahs Rechte und zieht sie näher heran. Ohne Widerstand lässt sich diese führen und übernimmt nahtlos den Stab.

»Das ist schon etwas anderes als bei deinem Mann, nicht wahr?«, haucht Domenika belustigt.

Beide Frauen blicken für einen kurzen Moment zu Jan, der mit hochrotem Kopf, vornübergebeugt am Fußende des Bettes steht und an den Fesseln zerrt. Unter seinem Oberkörper hindurch sehen beide Frauen den kleinen Penis, der herunterhängt. Seine Augen blicken sie flehend an.

»Oh ja«, haucht Sarah, grinst und widmet sich sogleich dem Schwanz vor ihr.

Gefühlvoll schiebt sie die Vorhaut auf und ab, lässt die Eichel für wenige Sekunden in der Freiheit ruhen und registriert jedes noch so feine Zucken an ihm. Tim beugt sich vor, nimmt das Gesicht von Sarah in die Hände und küsst sie auf den Mund. Jan gibt ein erbostes Geräusch von sich, kann aber nicht verhindern, dass die beiden Zungen leidenschaftlich und immer heftiger miteinander spielen. Tims Hände gleiten zu Sarahs Brüsten und massieren sie gefühlvoll, während Sarahs Hand immer schneller wichst. Sie lösen sich mit einem lauten Schmatzen und Tim lehnt sich wieder zurück. Sarah betrachtet den Schwanz vor sich ganz genau.

»Küss ihn!«, flüstert Domenika und lächelt verführerisch.

Sarah legt ihre Lippen auf die Unterseite des Stamms und küsst ihn mehrmals.

»Die Eichel. Direkt auf die Eichel«, raunt die Stimme an ihr Ohr, und Jan gibt gedämpfte Klagelaute von sich.

Sarah ignoriert sie einfach. Ihr Mund legt sich auf die Spitze, bewegt sich tiefer und lässt die rote Kugel hineingleiten. Ein sanftes, zufriedenes Seufzen ertönt, und Tim lächelt Jan breit an. Domenika drückt Sarahs Kopf tiefer und grinst Jan dämonisch an.

»Deine Frau bläst geil«, haucht sie.

Sie ergötzt sich an dem erschütterten Gesichtsausdruck vom Ehemann, dessen Frau immer schneller den Kopf auf- und niederfahren lässt. Es schmatzt immer lauter, während Domenika zu ihrem Mann hochkrabbelt, um ihn zu küssen. Die Zungen spielen leidenschaftlich miteinander. Das Schmatzen der Münder und des Schwanzes dringt unaufhörlich zu Jan, der gefesselt und untätig zusehen muss, wie die drei sich dem Liebesspiel hingeben.

Domenika wendet sich wieder Sarah zu. Nun nimmt sie ihr Gesicht in die Hände und legt sanft ihre Lippen auf deren. Diese zögert kurz, aber schon erwidert sie die Liebkosung und ein heißer, leidenschaftlicher Kuss entsteht. Die Hände streicheln den Körper der anderen und Domenika beginnt, das Jeanshemd von Sarah aufzuknöpfen und es ihr auszuziehen. Sarah verhindert es nicht. Während sie sich weiter küssen, schiebt Domenika das hellgraue Bustier nach oben, bis die Brüste freiliegen. Tims Hände ergreifen sie von hinten und Sarah hebt die Arme hoch, damit ihr das Bustier ausgezogen werden kann. Fast gleichzeitig legen sich Domenikas Lippen auf die von Sarah und Tims auf deren linke Brust. Seine Zunge spielt mit der hart aufgestellten Brustwarze.

Jan hört seine Frau das erste Mal lüstern seufzen. Erneut zerrt er klirrend an den Handschellen und muss zusehen, wie seine Ehefrau die beiden Köpfe des anderen Ehepaars streichelt. Gleichzeitig öffnet Domenika den Jeansrock und zieht sanft daran.

Sarah befindet sich wie in einem Rausch. Die vielen Liebkosungen, die aufregenden Praktiken der beiden und die Finger, die nun etwas vehementer an ihrem Rock ziehen, veranlassen sie, ihren Hintern zu heben und die andere Frau anzustrahlen, die sich soeben von ihr entfernt, um den Rock über ihre Beine herabzuziehen. Anstandslos lässt sie es zu, genießt die Streicheleinheiten und Küsse von Tim und sagt auch nichts, als sich Domenika vorbeugt, um ihr auch noch die hellgraue Panty auszuziehen.

Kaum ist sie genauso nackt wie die Männer, gleitet Tims Hand zwischen ihre Beine und kreist sanft und zärtlich über ihre Muschi. Sie beginnt zu stöhnen. Domenika steht vor dem Bett, betrachtet lächelnd und zufrieden die beiden, setzt sich auf die Bettkante und dreht Sarah den Rücken zu.

Diese entdeckt den Reißverschluss und versteht. In dem Augenblick, als sich zwei Finger von Tim tief in ihre feuchte Grotte schieben, zieht sie langsam den Reißverschluss nach unten, bis sich ein schwarzer Spitzenstring zeigt.

Domenika steht wieder auf und zieht langsam und graziös ihr Kleid aus. Sie dreht sich und zeigt ihren Hintern mit dem String. Langsam vorbeugend streift sie auch diesen ab und präsentiert ihren Hintern, den Anus und auch ihre rasierte Möse.

Sarah greift fast automatisch nach dem Schwanz und reibt ihn. Tims Finger gleiten schmatzend zügig in sie hinein und sein Mund und die Zunge verwöhnen weiter ihre Brüste. Sie stöhnt lauter, seufzt lüstern und spreizt noch stärker ihre Beine.

Domenika richtet sich auf und geht um das Bett herum. Neugierig verfolgen Sarahs Augen den schwungvollen Gang der braunhaarigen Schönheit. Auf Höhe von Jan klatscht sie zwei Mal auf seinen Arsch.

Sarah blickt in die Augen ihres Gatten. Darin spiegelt sich Wut, Verzweiflung und Enttäuschung wider. Aber die Finger in ihrer Muschi verdrängen ihre Schuldgefühle. Es ist einfach nur geil. Beim Nachtschränkchen angelangt, öffnet Domenika die unterste Schublade und holt einen lila Doppeldildo mit einem schwarzen Harness heraus. Sarah sieht ihn nur kurz, denn Tim schiebt sie sanft diagonal auf das Bett. Ihr Kopf liegt am Kopfende, auf der gegenüberliegenden Seite von Domenika, die sich das kürzere Ende des Doppeldildos in die Muschi schiebt und anschließend den Harness anlegt und schließt.

Sarahs rechtes Bein ist ausgestreckt, der Fuß befindet sich fast bei Jans Kopf. Das linke Bein ist angewinkelt und wird von Tim auf die Matratze gedrückt, damit er seinen Mund auf ihre Muschi legen kann. Bei der ersten Berührung zuckt Sarah kurz zusammen und sie stöhnt lüstern. Tim liegt auf der Seite, Sarah wichst noch immer seinen Schwanz, drückt ihn aber etwas nach unten, sodass er vor ihrem Mund schwebt. Jan sieht die Zunge seiner Frau herausschnellen und über die Eichel lecken. Gleich darauf schnappt ihr Mund danach und sein Schwanz verschwindet mit leisem gurgelndem Geräusch im Rachen von Sarah. Deren Kopf schwingt nun schnell vor und zurück.

In diesem Augenblick klettert Domenika zu ihnen aufs Bett, schiebt ihre Beine unter die von Sarah und platziert den lila Dildo direkt vor der Spalte, die im Augenblick noch von Tim geleckt wird. Domenika achtet darauf, dass Jan einen guten Blick auf die Möse hat, während sie den Silikonstab langsam zwischen die feuchten, roten Lippen schiebt. Das Becken von Sarah zuckt. Jan hört seine Frau noch lauter stöhnen. Immer tiefer gleitet der Dildo in sie hinein. Sie stöhnt lauter und entlässt kurz den Schwanz aus dem Mund.

»Oh Scheiße, ist das geil!«, presst sie hocherregt und gleichzeitig erfreut heraus.

Dann schnappt sie mit ihrem Mund wieder nach dem Schwanz, um ihn noch schneller zu blasen. Tims freie Hand massiert abwechselnd Sarahs Brüste.

Jan muss gefesselt und hilflos zusehen, wie alle drei Körper sich auf dem Bett immer schneller, intensiver und wilder bewegen. Das Bett knarzt, die Matratzen quietschen und alle drei stöhnen, seufzen oder geben andere Töne von sich, die ihre Wollust widerspiegeln.

Der Gehörnte hat schon aufgegeben und betrachtet die Szenerie vorgebeugt und breitbeinig, ohne weitere Versuche zu starten, es aufzuhalten.

Domenikas Bewegungen werden schneller, ruckartiger und unkontrollierter. Sie verdreht die Augen, holt tief Luft und erstarrt für einen kurzen Moment. Mit einem Schrei rammt sie ihr Becken nach vorn, verweilt dort zitternd, zuckt und reißt die Augen weit auf. Es folgt ein weiterer Ausruf der Freude, bevor sie sich wieder entspannt und tief Luft holt. Langsam zieht sie sich zurück. Während Jan auf den feucht verschmierten Dildo blickt, schaut Domenika ihn an und grinst breit.

»Mach weiter! Bitte! Bitte! Weiter!«, ruft Sarah und rammt ihr Becken süchtig nach vorn und sucht den Freudenspender.

»Hörst du deine geile Fotze rufen?« Domenika lacht Jan aus. »Hörst du, wie sie um den Fick bettelt?« Sie lacht schallend und rammt ihr Becken mehrmals nach vorn.

»Ja! Ja!«, schreit Sarah und kann sich kaum noch beherrschen.

Ihr Oberkörper bäumt sich auf, sie überdehnt den Hals und verliert den Schwanz aus ihrem Mund. Domenika stößt noch fester zu, lacht dabei und ihr Blick liegt voller Häme auf Jan.

In diesem Augenblick schreit Sarah los. Ihr Körper bockt auf der Matratze, rammt sich vor und zurück und wirkt wie bei einem Anfall. Sie stößt noch einen Schrei aus, bevor sie in sich zusammensackt und schwer atmend nach dem Schwanz schnappt, um daran zu lecken. Mit einer Hand wichst sie ihn fest und schnell.

»Wow, deine Frau kommt echt geil!«

Voller Bewunderung, garniert mit etwas Schadenfreude, blickt Domenika zu Jan. Dieser steht mit hochrotem Kopf, gefesselt und vorgebeugt vor dem Bett und kann nur zuschauen, wie seine Frau einem anderen einen bläst.

Tim grinst ihn an und erhebt sich. Domenika gleitet aus

Sarah heraus und steigt vom Bett, während ihr Mann sich auf Sarah schwingt, sein Kopf über deren Schoß. Sein Schwanz gleitet mühelos in den wartenden und weit aufgerissenen Mund hinein. Sogleich schließen sich die Lippen darum. Jan sieht die leichten Kopfbewegungen seiner Frau und wie sie die Wangen nach innen zieht. Zuerst langsam, dann aber immer schneller werdend, rammt Tim sein Becken nach unten. Laut schmatzend verschwindet sein Schwanz im Rachen von Jans Frau, deren Kopf sich weiterhin bewegt.

Domenika steht plötzlich hinter Jan, reißt seinen Kopf an den Haaren hoch und flüstert ihm ins Ohr: »Das sieht doch geil aus, wie Tim deiner Frau ins Maul fickt, oder?« Gehässig kichert sie und klatscht ihm auf den Arsch.

Jan stöhnt gedämpft und gequält.

Tims Finger reiben über Sarahs Muschi, was deren Becken zum Schwingen bringt. Grinste er bis eben Jan noch höhnisch an, so verändert sich sein Ausdruck und wird weicher. Die Augen verdrehen sich und die Körperspannung nimmt zu. Sein Becken stößt nicht mehr gleichmäßig, sondern ruckartig nach unten.

Jan reißt die Augen ungläubig weit auf, da stöhnt Tim und rammt seinen Schwanz final in Sarahs Mund. Diese gibt gurgelnde Laute von sich, schluckt schnell und leckt hastig an dem Schwanz, der eben abgespritzt hat. Ein gequältes Geräusch dringt aus Jans geknebeltem Mund.

»Ja, sehr gut! Schluck alles! Ja!«, ruft Domenika und schlägt Jan auf den Arsch, sodass dieser zusammenzuckt und aufstöhnt.

»Blas ihn weiter! Lass ihn nicht klein werden!«, feuert diese Sarah weiter an.

Und Sarah bläst weiter. Intensiv, mit langen Bewegungen des Kopfes, verwöhnt sie den Schwanz zwischen ihren Lippen.

Jan will wegsehen, aber die Hand, die seine Haare fest gepackt hält, verhindert das. So muss er mit anschauen, wie

Tim sich erhebt, seine Frau hochzieht und sie so bugsiert, bis sie auf allen vieren vor ihm auf dem Bett steht. Die Blicke des Ehepaars treffen sich. Jan schließt für einen Augenblick die Augen, aber noch immer sieht er die Spermaspuren an den Mundwinkeln seiner Frau. In diesem Moment hört er seine Frau stöhnen und ihre Lider fliegen nach oben. Er sieht den lustverzerrten Blick von Sarah und weiter hinten Tim, der ihre Hüften gepackt hält und sie von hinten nimmt. Mit harten, tiefen Stößen rammt er seinen Schwanz in seine Frau hinein. Bevor Jan noch etwas von sich geben kann, spürt er, wie Domenika auf seinen Arsch spuckt und den Speichel über seiner Rosette verteilt.

Schon im nächsten Moment bemerkt er den Dildo an seinem Eingang und im nächsten Augenblick schiebt er sich hinein. Ein lang gezogener, dumpfer Ton erschallt im Schlafzimmer, das sonst nur vom Klatschen und Stöhnen der beiden Körper auf dem Bett erfüllt ist. Die Augen von Jan sind weit aufgerissen und Schweiß rinnt ihm von der Stirn. Der Blick seiner Frau, nur einige Zentimeter von ihm entfernt, drückt Freude, Belustigung und pure Erregung aus. Domenika holt aus und stößt erneut zu.

»Ja! Ja! Jetzt ficken wir euch beide!«, ruft Tim lachend und beschleunigt, ebenso seine Frau, die Jan in den Arsch fickt.

Dessen Stöhnen wird ruhiger, während sein Körper und der seiner Frau immer heftiger nach vorn gerammt werden. Domenikas rechte Hand löst sich von seiner Hüfte und gleitet nach vorn.

»Oh! Wow! Schau mal, Sarah, was dein Ehegatte da hat!« Sie lacht schallend, packt die Haare von Jan und zieht ihn so weit nach oben, bis Sarah einen Blick auf Domenikas Hand, die um Jans steifes Glied liegt und genüsslich reibt, werfen kann.

»Er hat einen Ständer!«, ruf sie, prustet los, wichst schneller und stößt fester zu.

Sarah starrt ihren Mann ungläubig an. Dieser erwidert den Blick nur zögerlich. Aber schon wird das Stöhnen aller Beteiligten im Schlafzimmer lauter, heftiger und wilder.

Als Erstes kommt Domenika. Ihre Bewegungen werden ruckartiger, sie verdreht die Augen, der Körper verspannt sich und mit einem Ruck schreit sie den Höhepunkt heraus.

Kaum beruhigt, wichst sie den Schwanz von Jan noch schneller, während sie den Dildo weiterhin in seinen Hintern hineinstößt. Jan beginnt zu keuchen und nach Luft zu schnappen. Gleichzeitig verspannt sich Sarah auf dem Bett. Tims Stöße werden noch schneller und sie beginnt zu stöhnen. Es folgt ein kurzer Schrei von ihr, der von Jan fast gleichzeitig mit einer Art Grunzen bestätigt wird. Dessen Sperma spritzt klatschend auf die Holztruhe vor dem Bett, und Domenika beginnt schallend zu lachen, während sie ihn abmelkt.

Sarahs Kopf legt sich auf die Matratze, da stöhnt hinter ihr Tim, der noch schneller zustößt, bis er zitternd in ihr stecken bleibt. Er atmet tief durch und beginnt zufrieden zu lächeln.

Alle entspannen sich, schnappen nach Luft und werden ruhiger.

Domenika und Tim ziehen sich zurück. Zu dritt lösen sie die Fesseln von Jan. Dieser ist sehr betroffen.

Bis ihm Tim auf die Schulter klopft und sagt: »Hey, steh dazu! Ich habe sofort gesehen, dass du ein Cuckold bist und darauf stehst. Aber du wolltest es nicht wahrhaben. Ich denke, wenn du es irgendwann akzeptiert hast, werden wir vier noch viel Spaß haben.« Er grinst ihn freundschaftlich an.

Sarah nimmt ihn ganz spontan in den Arm. »Ich finde es gut und aufregend, dass du so bist, mein süßer Cuckold!«

Sie küsst ihn mit dem spermaverschmierten Mund, aber Jan macht das nichts aus. Er erwidert den Kuss und fühlt sich plötzlich pudelwohl.

Die versaute Lordschaft

Jasmin und Wolfram von Bergen sind seit einundzwanzig Jahren verheiratet und wohnen auf dem Schloss seiner Vorfahren. Sie ist mit ihren neununddreißig Jahren noch sehr attraktiv, was man von ihrem vierundvierzigjährigen Ehegatten ebenfalls behaupten kann. Um das Schloss zu bewirtschaften, gibt es einen Gärtner, einen Hausmeister, eine Köchin, eine Haushaltshilfe und natürlich einen Butler. Um das Schloss herum liegen viele Felder und Wälder, die alle zum Eigentum der Familie gehören. Viele davon sind verpachtet, was neben den Firmenbeteiligungen eine der Haupteinnahmequellen der Herrschaften darstellt. Ein Teil des Schlosses ist als Museum umfunktioniert, in dem der Hausmeister oder der Gärtner Führungen für Interessierte macht.

Butler Martin ist vierzig Jahre alt und schon seit zwölf Jahren im Hause von Bergen angestellt. Er kennt die Marotten seines Arbeitgebers, genauso wie jeden Winkel im Schloss, im Garten und in den angrenzenden Ländereien.

Wolfram, der Baron, ist stämmig gebaut, nur etwas größer als seine Gemahlin Jasmin, die zwar sportlich, aber dennoch zierlich wirkt. An ihr ist kein Gramm zu viel Fett dran, darauf achtet sie ganz besonders.

Es begann vor knapp einem halben Jahr. Die sexuellen Aktivitäten hatten bei den beiden schon längst nachgelassen. Geschlechtsverkehr fand nur noch alle zwei bis drei Monate statt, und dann auch nur, wenn sie genug Alkohol getrunken hatten. Aber es durfte auch nicht zu viel sein, denn in diesem Fall war Wolfram zu müde für solche Aktivitäten.

Was auch immer die Gründe hierfür waren, beide schienen sich damit abgefunden zu haben, bis Wolfram eines Abends im Badezimmer, seine Frau trug schon ihr Nachthemd, die Hand auf deren Hintern legte und dort verweilte.

Zunächst sagte Jasmin nichts und begann, die Zähne zu putzen, aber als sie ausspuckte, war die Hand noch immer auf dem Hintern, und während sie sich vorbeugte, um den Mund auszuspülen, drückte die Hand etwas fester zu. Jasmin richtete sich auf und blickte ihren Mann durch den Spiegel an.

»Was wird das?«, fragte sie verblüfft und amüsiert zugleich.

»Ich halte nur dein Gesäß«, sagte Wolfram, und zwar so, als würde er ihr in den Mantel helfen wollen.

Jasmin blinzelte stirnrunzelnd.

»Hast du ein Problem damit?«, fragte er.

»Nein, eigentlich nicht.« In ihrer Stimme war Verwunderung.

Ihr Mann tat nichts weiter, versuchte nicht, an ihren Schambereich zu kommen oder sie auszuziehen.

Später im Bett vermutetet sie, dass er Sex von ihr wollte, aber er sagte nur »Gute Nacht« und drehte sich um.

In den darauffolgenden Tagen und Wochen häuften sich die Merkwürdigkeiten. Mal schob er sich eng an sie heran, mal lag seine Hand still auf ihrem Hintern oder auf der Brust. Diese Momente fanden nicht nur im Badezimmer, sondern auch an alltäglichen Orten statt. Die beiden gingen mindestens zwei Mal pro Woche durch ihre Anlage spazieren, und da legte sich, während des Gehens, seine Hand auf ihren Hintern. Oder in der Bibliothek. Während sie im großen Ohrensessel saß, kam er von hinten, blickte ihr über die Schulter und legte seine Hände auf ihre Brüste. Daran gewöhnte sie sich schnell und sagte nichts mehr.

Erst als Martin, der Butler, eines Tages in den großen Salon kam und ihr Mann eine Hand auf ihre linke Brust legte, stockte ihr der Atem. Martin brachte den Nachmittagstee mit zwei Tassen, bediente sie und ging anschließend wieder. Er sagte keinen Ton und blickte nur einmal ganz kurz auf die Hand.

Als er wieder verschwunden war, drückte sie ihr Erstaunen aus.

»Was sollte das eben vor Martin?«

»Was denn?«, gab sich Wolfram unschuldig. »Ich hatte nicht den Eindruck, dass es ihn gestört hat.«

Eine Woche später schob ihr Mann die Hand von oben in die Bluse von Jasmin und drückte sanft ihre Brust, während sie in einer Zeitschrift blätterte und er in einem Tablet die neuesten Nachrichten verfolgte. An diesem Tag waren sie allein.

Aber drei Tage später sah der Butler sie in dieser Position. Wieder sagte er nichts dazu. Jasmin war es zwar etwas peinlich, aber sie diskutierte mit ihrem Mann nicht weiter darüber.

***

Heute betritt Wolfram das Arbeitszimmer seiner Frau. Sie sitzt in einem bequemen Sessel am Fenster, geht ihrem Hobby nach und häkelt irgendetwas, was Wolfram noch nicht identifizieren kann. Es ist Juli und die Sonne scheint unbarmherzig herunter. Jasmin trägt ein langes Kleid und eine kurzärmlige, gelbe Bluse. Sie blickt ihren Gemahl lächelnd an, der an sie herantritt, sich vorbeugt und sie auf den Mund küsst. Das ist die andere Veränderung in der letzten Zeit. Er wird liebevoller.

Er legt seine Hand auf ihre linke Brust, die sich leicht hebt und senkt. Er löst sich wieder von ihr, sein Blick ist fest.

»Es ist heute so warm, zieh doch bitte deine Bluse aus!«, sagt er freundlich, aber etwas im Unterton sagt Jasmin, dass er keinen Widerspruch zulässt.

Das war schon immer so. Er ist der Baron, er hat das Anwesen und das Geld. Sie ist nur eingeheiratet und hat zu kuschen. Bei geschäftlichen Aktivitäten ist sie nicht dabei, nur bei öffentlichen Auftritten der Lordschaft, da darf sie sich mit ihm zeigen. Sie wusste es im Vorfeld und ließ sich darauf ein. Und das Wichtigste: Sie leidet nicht darunter. Im Gegenteil.

Jasmin gehört zu den Menschen, die gern die Verantwortung abgeben, was heißen soll, sie ist froh, wenn jemand anderes da ist, der ihr sagt, was sie zu tun hat. Das ist sehr bequem.

Dennoch blickt sie ihn verwundert an. »Ähm, also, ich glaube nicht, dass es so warm ist, dass …«

Der Baron räuspert sich und senkt den Kopf. Sein Blick wird nun stechender und Jasmin schweigt augenblicklich. Ihre Finger knöpfen die Bluse auf und sie zieht sie aus. Nun sitzt sie nur noch mit ihrem weißen Push-up-BH mit Spitze und dem Rock im Sessel.

Seine Hand gleitet von oben in den BH und legt sich auf ihre linke Brust. Für Jasmin ist das schon gar nicht mehr merkwürdig, sondern eher normal. Aber das Nächste ist tatsächlich neu. Ihr Mann streckt die freie Hand aus und verlangt nach ihrer. Stirnrunzelnd legt sie ihre in seine. Wolfram führt die schmale Hand seiner Frau zu seinem Schoß und legt sie darauf. Jasmin kichert verlegen und überrascht und blickt ihn amüsiert an, wie jemanden, der offensichtlich übergeschnappt ist.

»Ich möchte, dass du ganz still die Hand hier liegen lässt, auch wenn jemand hereinkommt«, flüstert er mit fester Stimme.

Wie gebannt nickt Jasmin. Nach wenigen Sekunden öffnet sich tatsächlich die Tür und Butler Martin kommt mit einem Tablett und dem Mittagstee herein.

»Wo soll ich servieren?«, fragt er vornehm und lässt sich von der Szene, die sich ihm bietet, nicht beirren.

Die Frau des Barons mit BH bekleidet und die Hand auf dem Schoß des Ehemanns, während seine auf der Brust der Baronin ruht.

»Stellen Sie es bitte auf den kleinen Tisch dort!« Wolfram nickt in Richtung eines Tisches, auf dessen Oberseite ein Schachbrettmuster abgebildet ist. Früher hatte er dort mit seinem Opa Schach gespielt.

»Sehr wohl, Herr Baron!« Der Butler baut das Geschirr auf und verschwindet mit einer Verbeugung.

»Was sollte das eben?«, fragt Jasmin und starrt ihren Mann an.

Dieser lächelt nur. »Sieh es einfach als Feldstudie, die ich gerade betreibe.«

»Feldstudie?«, hakt sie nach, aber der Blick ihres Mannes verbietet es ihr, also schweigt sie brav.

***

In den nächsten Wochen werden die Wünsche ihres Mannes immer obskurer. Abends verlangt er von ihr, dass sie ohne Nachthemd schläft, kurz darauf mit Nachthemd, aber ohne Slip.

Er beauftragt sie, andere Unterwäsche zu kaufen. Strings, Tangas, Slip Ouverts. Oft in Schwarz oder Rot, aber meist mit Spitze oder transparent. Auf jeden Fall immer sehr aufregend.

Auch verlangt er immer öfter, dass sie nur mit Unterwäsche im Haus herumläuft oder unter ihrem Rock, sie darf nun nur noch Röcke oder Kleider tragen, ohne Slip. Neben dem Butler bekommt das auch die Köchin und die Haushaltshilfe mit. Auch sie sagen nichts dazu, wundern sich jedoch und diskutieren darüber, wenn sie sich allein fühlen.

Beim Abendessen saßen sie früher immer am Tisch gegenüber. Jetzt, seit einigen Tagen, sitzt sie zu seiner Linken. Und es wird zum Standard, dass er seine Hand zwischen ihre Schenkel schiebt und dort ruhig liegen lässt. Allerdings wandert die Hand von Tag zu Tag höher, bis sie irgendwann direkt auf ihrer Scham liegt. Aber nie bewegt sie sich, sondern ruht still wie der See. Er isst dann mit der rechten Hand. Die Angestellten servieren das Essen, als wenn nichts wäre. Auch wird nicht mehr darüber diskutiert, da es anscheinend zur Normalität gehört.

Heute ist Mittwoch und der Tag neigt sich dem Ende zu. Jasmin steht mit einem schwarzen Body bekleidet am Fenster und blickt in den Garten hinaus, als ihr Ehemann sich neben sie stellt.

»Du siehst heute wieder wunderbar aus«, flüstert er in ihr Ohr und küsst ihren Hals. Gleichzeitig legt sich die Hand auf ihren Hintern. Es handelt sich um einen Stringbody, so kann er ihre gesamte Haut fühlen.

Auch Wolfram schaut zum Fenster hinaus und erblickt den Gärtner. Er steht mit dem Rücken zu ihnen, vorgebeugt über einem Blumenbeet und scheint Unkraut zu jäten.

»Findest du, dass der Hintern des Gärtners schön ist?«, fragt er seine Frau in einem Ton, als ob er von ihr wissen will, wie der letzte Bridge-Abend mit ihren Freundinnen verlief.

Aber gleichzeitig massiert seine Hand sanft ihren Hintern. Das ist neu und Jasmin erschrickt ein wenig. War die Hand doch bisher immer passiv, so überrascht sie das heute.

»Nun ja, er sieht schön knackig aus«, sagt sie.

Die Hand an ihrem Hintern knetet etwas genüsslicher.

»Ich wollte wissen, ob du den Hintern schön findest.« Nun wird seine Stimme fester und bestimmter.

Sie kennt das von ihrem Mann, wenn er zum Beispiel bei einem Handwerker unzufrieden ist und etwas durchsetzen möchte.

»Ja, schon«, sagt sie und spannt ihre Muskeln am Gesäß an.

Er schaut wieder nach draußen, und sie folgt seinem Blick. Der Hintern des Gärtners wippt jedes Mal, wenn der Gärtner die Hacke in die Erde rammt.

»Würde es dir gefallen, einen solchen Arsch anzufassen?«, haucht Wolfram in ihr Ohr und Jasmin erschaudert.

Gleichzeitig schieben sich seine Finger ganz langsam weiter vor. Jasmin verkrampft und hält die Luft an.

»Ich fragte, ob du so einen Arsch gern anfassen möchtest?« Die Stimme ist lauter und er betont jedes Wort.

Seine Finger gleiten weiter nach vorn. Nun befinden sich nur noch die drei Druckknöpfe zwischen ihrem Eingang und seinen Fingern, die sanft dagegen trommeln.

»Ich möchte nicht einen fremden Hintern anfassen«, presst sie gedämpft hervor und blickt weiterhin auf den Hintern des Gärtners, der sanft hin und her wackelt. Seine Arschbacken zeichnen sich unter der Hose deutlich ab.

»Ich möchte wissen …«, seine Stimme klingt nun erregter, sein Mittelfinger zieht am Verschluss und der erste Knopf öffnet sich, »… ob du seinen Hintern anfassen möchtest.«

Er öffnet den zweiten Knopf. Sein Finger berührt ihre Scham.

Jasmin zuckt zusammen und schweigt. Noch immer starrt sie auf den Hintern im Garten und atmet schwerer.

»Sag es mir!«, raunt er heiser und reibt langsam und vorsichtig über ihre trockene Muschi.

Sie will sich dem Finger entziehen. »Ich …«, stammelt sie.

Sein Mittelfinger bewegt sich bis zum Kitzler und kreist sanft darüber. Noch immer blickt sie auf den Hintern, und plötzlich wird ihr warm. Wolfram spürt, wie sie feucht wird. Er atmet tief durch.

»Erzähl mir, wie du ihn anfassen möchtest!«, flüstert er und streichelt sie intensiver.

Seine Frau zieht die Luft tief in ihre Lungen und drückt ihren Brustkorb nach vorn. Noch immer schweigt sie und brummt nur etwas Unverständliches. Sein Mittelfinger dringt etwas tiefer in die immer feuchter werdende Muschi.

»Ist das nicht geil?«, haucht er und schiebt sich noch weiter hinein. Sie stöhnt lüstern, ihr Becken bewegt sich leicht vor und zurück. Bis eben war sie verwirrt, aber jetzt fühlt sie die immer stärker werdende Lust in sich aufsteigen. Es ist schon so lange her, dass er sie intim angefasst hat.

»Mmm«, seufzt sie und lächelt ein bisschen.

Der Finger in ihr und der Anblick des knackigen Hinterns machen sie tatsächlich an. Sein Finger schiebt sich vor und zurück, winkelt sich an und klopft leicht gegen ihre empfindlichsten Stellen im Inneren.

»Bewegt er sich nicht geil?«, fragt er und blickt ebenfalls auf den Arsch des Gärtners.

»Oh ja!«, haucht sie lüstern und bewegt ihr Becken schneller.

Er spürt ihre Hitze in der Muschi und die ansteigende Feuchtigkeit. Es scheint, als laufe sie regelrecht aus. Wolfram stellt sich neben sie und legt seine freie Hand auf ihren Unterleib, gleitet tiefer, bis die Finger den Kitzler erreichen. Dort kreist er im Takt der anderen Hand und lässt ihren Unterleib immer schneller zucken. Sie stöhnt plötzlich auf, senkt den Kopf und schließt die Augen.

»Oh ja!«, presst sie hervor und ihr Unterleib zuckt nach vorn.

Sie klammert sich mit verzerrtem Gesicht an ihren Mann, hält sich fest und zuckt noch ein paar Mal, bevor sie sich langsam entspannt. Tief atmet sie durch und öffnet lächelnd die Augen. Sie dreht den Kopf und schaut ihren Mann an. Aber sie stockt und erschrickt. Aus den Augenwinkeln hat sie den Butler bemerkt, der nur ein paar Meter von ihnen entfernt steht. Ihr Kopf läuft knallrot an.

Der Butler räuspert sich. Auch Wolfram dreht sich zu ihm.

»Herr Baron wollte von mir informiert werden, wenn eine E-Mail vom Aufsichtsrat eingetroffen ist«, sagt er neutral, als ob es ganz normal sei, die Lordschaft beim Fingern und die Ehefrau beim Orgasmus zu erwischen.

»Danke, ich komme gleich«, antwortet Wolfram und zieht sich von Jasmin zurück.

Diese kann nicht glauben, was eben passiert ist.

***

In den nächsten Tagen macht es ihr Wolfram öfter mit der Hand. Abends verlangt er von ihr, nur noch nackt zu schlafen, und wenn sie morgens aufwacht, hat er die Decke zur Seite geschoben und bewundert ihre Nacktheit.

Zunächst fühlt sie sich dabei unwohl, aber schon nach einigen Tagen ist auch das ganz normal für sie. Nur der Sex bleibt aus. Wolfram verlangt auch nicht von ihr, es ihm zu besorgen. Nur er macht es ihr.

Zwei weitere Wochen später, sie ist gerade aufgewacht und lässt sich von ihm streicheln, erinnert er sie daran, dass er sie vor der Hochzeit ein paar Mal geleckt hatte. Sie verdreht die Augen, denn damals fand sie es total peinlich und unpassend für einen Adligen. Er bittet sie dennoch, dass sie sich auf seinen Mund setzt. Sie tut es und er leckt ihre Muschi aus.

Seit er es ihr ganz ungeniert auch vor den Angestellten macht, genießt sie sogar seine Zunge und bekommt einen Orgasmus. Von nun an macht er es ihr öfter mit dem Mund.

Eines Abends, sie sitzen am Tisch und essen gerade eine Suppe, verlangt er von ihr, dass sie den Slip auszieht. Ohne weiter darauf einzugehen, folgt sie seiner Aufforderung. Sie trägt heute ein kurzes blaues Kleid mit breiten Trägern. Sie greift darunter und streift sich den schwarzen String ab, hält ihn lächelnd zum Beweis hoch und grinst, als ihr Mann seinen Stuhl nach hinten schiebt und unter den Tisch krabbelt. Sie legt den Slip auf seinen Platz und öffnet bereitwillig ihre Beine, woraufhin sich sein Kopf dazwischenschiebt. Und schon spürt sie seine Zunge, die zunächst an den Schenkeln, gefolgt von den Leisten und am Ende über ihre Muschi leckt. Sie wippt auf dem Stuhl, auf dem sie nun ganz vorn sitzt, und lässt sich lecken, während sie die Suppe schwer atmend löffelt.

Der Butler kommt mit der Hauptspeise herein, stockt kurz und blickt Jasmin fragend an.

»Mein Mann ist gerade …«, sie stöhnt, »… unter dem Tisch.« Sie kichert, da der Butler es nun auch schon als ganz normal einstuft.

»Sehr wohl, Madame«, sagt er und stellt die beiden Teller ab.

Der Butler dreht sich zur Tür und geht hinaus. Dabei kann Jasmin die Beule in seiner Hose sehen und muss grinsen.

Die Zunge an ihrer Muschi leckt sie fester, und der Gedanke an den Ständer ihres Butlers ist zu viel für sie. Jasmin stöhnt und nimmt den nächsten Löffel zu sich. Da presst sie die Lippen fest zusammen und zuckt unter dem Tisch. Sie keucht, presst die Luft aus den Lungen und beißt die Zähne zusammen. Noch ein Ruck und sie verschluckt sich fast.

Aber kurz darauf kann sie wieder frei atmen und stöhnt zufrieden: »Oh ja, oh ja, war das gut!«

Wolfram kriecht zurück und sitzt sogleich mit feucht verschmiertem Mund am Tisch. Gemeinsam essen sie zu Ende.

***

Vier Tage später ruft er seine Frau zu sich in den Salon. Artig stellt sie sich zu ihm ans Fenster. Sie trägt heute einen kurzen engen Rock und eine helle Bluse, unter der sich ihre Brüste deutlich abzeichnen.

Er legt seine Hand auf ihren Hintern, den sie ihm sogleich entgegenstreckt. Sie kennt das schon und lässt es sich gefallen. Sie muss sich eingestehen, dass diese Spiele ihres Mannes sie immer stärker erregen und sie fast schon süchtig danach machen. Ihr fehlen nur der Sex und sein Schwanz in ihrer Möse, der ihr sonst so viel aufregende Beachtung schenkt. Sie fühlt sich dadurch wie unter einem Entzug, wie ausgetrocknet und vernachlässigt.

Jasmin wollte sich einmal morgens auf ihren Mann setzen und seine Morgenlatte reiten, aber er verhinderte es. Sie sprach ihn an, ob er nicht mal wieder Lust hätte, seinen Schwanz in ihre Grotte zu stecken, aber er lächelte nur und machte es ihr noch wilder mit der Hand. Dabei sprach er vom Butler, vom Gärtner und auch von diversen Gästen, die immer wieder hier im Hause zu Besuch waren. Sie kam damals laut schreiend.

Es störte sie kaum noch, halb bekleidet durchs Haus zu laufen, auch wenn ihre Angestellten sie so sahen. Sie fand es sogar irgendwie anregend, betörend und die frivole Art sehr aufregend.

Nun aber, heute, blickt sie mit ihrem Mann vom Salon aus in den Garten. Dort stehen gerade die neunundzwanzigjährige Haushaltshilfe und der achtundzwanzigjährige Gärtner auf dem Kiesweg und unterhalten sich. Beide lachen, während sie sich tief in die Augen blicken.

»Glaubst du, die beiden vögeln miteinander?«, fragt er.

Seine Hand knetet sanft ihren Hintern.

Sie zuckt nur mit den Achseln. »Ich weiß nicht, vielleicht.«

Sie lächelt bei dem Gedanken, und in ihrem Unterleib beginnt es zu kribbeln, wenn sie sich vorstellt, wie sein Ständer in die Muschi eindringt.

Wolfram rückt näher an sie heran und knetet sanft den Hintern seiner Frau.

»Was denkst du, wo er sie bumst?«, raunt er die Frage in ihr Ohr und sie erschaudert.

Die Hand drückt ihre rechte Arschbacke fester.

»Ich … ich weiß nicht«, antwortet sie verwirrt.

Seine Hand wandert tiefer, bis sie am Saum des Rockes angelangt ist. Seine Fingerspitzen berühren sanft ihre Haut.

»Wenn du dich von ihm bumsen lassen würdest, wo wäre dein bevorzugter Platz?«

Seine Finger streicheln die Innenseiten ihrer Oberschenkel und bewegen sich vorsichtig aufwärts.

»Keine Ahnung«, sagt sie leicht erregt.

»Wäre es vielleicht in der Garage, während du dich über den Bentley lehnst und er dir von hinten den Rock hochzieht?«

Mit einem heftigen Ruck reißt er ihr den Rock nach oben, sodass sie vor Schreck aufschreit und bis auf die Zehenspitzen geht. Seine Hand liegt wieder auf ihrem Hintern, streichelt die Haut, die Finger suchen den Weg zwischen die Beine.

»Er streichelt deine Möse«, raunt er.

Seine Finger erreichen ihren Schritt und gleiten sanft über den String auf Höhe ihrer Muschi.

»Er schiebt deinen Slip beiseite ...«

Sein Finger schiebt sich unter den Stoff, zieht ihn etwas nach hinten und zieht das dünne, schmale Material über die rechte Arschbacke nach außen. Ihre Öffnung liegt nun im Freien.

»... und schiebt dir seinen Schwanz hinein«, raunt er und seine Finger gleiten in ihre Muschi.

Plötzlich erscheinen sehr erregende Bilder in ihrem Kopf. Noch nie hat sie über Fremdgehen nachgedacht, schon gar nicht mit einem der Angestellten. Dazu ist sie viel zu brav und ihrem Mann zu hörig. Aber nun branden erotische Bilder in ihr auf, wie Sturmwellen an der Küste. Die Hitze nimmt zu, und sie seufzt vor Lust. Sein Mittelfinger fährt nun schnell vor und zurück.

»Gefällt das deiner Möse?«, flüstert die Stimme an ihrem Ohr.

Jasmin fragt sich, ob ihr Mann seine Geschichte oder seinen Finger meint. Sie entscheidet sich für den zweiten Fall.

»Ja«, stöhnt sie und rammt ihr Becken nach hinten.

Die Hitze und Feuchtigkeit nehmen unglaublich schnell zu. Die Bilder fliegen nur noch durch ihren Kopf. Sie auf dem teuren Luxuswagen, vorgebeugt über der Motorhaube und der Butler hinter ihr, der sie fickt. Schmatzend sticht der Finger immer schneller in die heiße, feuchte Grotte und sorgt für immer lautere Töne, die Jasmin aus der Kehle dringen.

Plötzlich ein dezentes Räuspern. Martin, der Butler, steht mit einem tragbaren Telefon in der Hand hinter ihnen.

»Entschuldigen Sie bitte, Herr Baron, aber sie baten darum, einen Anruf Ihres Anwaltes mit höchster Priorität zu behandeln.« Er hebt das Telefon hoch.

»Kommen Sie her!«, faucht ihn der Baron an.

Der Butler tritt näher. Erst jetzt zieht Wolfram seinen Finger aus der feuchten Möse seiner Frau. Mit der Linken ergreift er das Telefon und mit der Rechten die Hand des Butlers, die nun frei ist.

Überrascht von dieser Aktion, verhindert der Butler auch nicht, dass der Baron seine Hand zum Hintern der Baroness führt.

»Weitermachen!«, befiehlt er.

Und ohne nachzudenken, schiebt der Butler zwei seiner Finger in die feuchte Grotte. Jasmin gibt einen leisen Schrei der Empörung von sich, wehrt sich jedoch nicht gegen die fremden Finger in ihrer heißen Möse. Und jetzt beginnen sie, die Arbeit ihres Mannes zu übernehmen.

Wolfram geht ein paar Schritte weg und dreht sich erst einige Meter von ihnen entfernt um, bevor er mit seinem Anwalt spricht. Dabei blickt er auf seine Frau, die noch immer vorgebeugt am Fenster steht und sich nun von dem Butler fingern lässt. Wolfram betrachtet, wie ihre Beine zu schwingen beginnen, ihr Becken vor- und zurückschießt und ihr Rücken sich hin und wieder aufbäumt.

Er beendet das Gespräch, auf das er sich nur schwer konzentrieren konnte, da geht ein heftiger Ruck durch den Körper seiner Frau, und sie stößt einen dumpfen Ton aus. Sie zuckt anschließend noch ein paar Mal, bevor sie sich schwer atmend wieder beruhigt.

Langsam zieht der Butler seine Finger aus ihrer Möse und steht artig neben ihr, während sie sich wieder aufrichtet und ihren Rock zurechtrückt.

»Komm bitte mit mir ins Arbeitszimmer, mein Schatz!«, sagt Wolfram ruhig, fast schon liebevoll. Er reicht ihr die Hand, dabei blickt er zum Butler. »Und Sie bitte auch.«

Gemeinsam gehen sie ins Arbeitszimmer vom Baron. Wolfram setzt sich hinter den dicken, dunklen Schreibtisch aus Kirschholz, während seine Frau und der Butler auf der anderen Seite des Tisches stehen. Die Augen des Barons wandern zwischen den beiden schelmisch blickend hin und her.

»Und? Hat er es gut gemacht?«, möchte er wissen.

Seine Frau errötet. Sie findet es peinlich, ein Lob in Anwesenheit des Butlers zu tätigen.

Ihr Mann beugt sich vor und winkt sie zu sich. Jasmin tritt an den Tisch und lehnt ihren Oberkörper darüber. Er winkt sie noch näher, sodass sie sich am Ende mit den Unterarmen auf der Tischplatte abstützt, bis ihr Mund endlich an seinem Ohr ist.

»Ja«, flüstert sie leise und muss dabei lächeln.

Es war nicht nur gut, es war richtig geil, denkt sie dabei. Sanft legen sich Wolframs Hände auf ihre Unterarme und verstärken ganz langsam den Druck. Plötzlich hat sie das Gefühl, festgehalten zu werden, sogar richtiggehend fixiert.

Wolfram wendet sich an seinen Butler: »Meine Frau muss bestraft werden. Schlagen Sie ihr bitte auf den Arsch, Martin!«

»Wie meinen, Herr Baron?«

»Fragen Sie nicht so dumm! Tun Sie es!«, herrscht der Baron seinen Butler barsch an.

Dieser blickt auf das Hinterteil der Baroness, betrachtet die schönen Rundungen und die wohlgeformten Hüften. Der Reißverschluss auf der Rückseite des Rockes sticht ihm ins Auge. Dann holt er aus und schlägt der Baroness auf den Hintern. Es knallt laut, als die Hand auf den Rock schlägt.

»Ah!«, stößt Jasmin überrascht heraus.

Ihre Augen weiten sich, die ihren Ehemann verblüfft, aber auch fragend anstarren.

»Nein, das ist nicht gut. Ziehen Sie ihr den Rock aus!«, befiehlt er dem Butler.

Dieser zögert kurz, fragt jedoch dieses Mal nicht nach, sondern ergreift den Zipper und zieht ihn langsam nach unten. Das kaum hörbare Surren des Reißverschlusses durchschneidet den Raum, in dem sonst nur das schwere Atmen der drei Personen zu hören ist.

Kaum ist der Zipper unten angelangt, zieht der Butler der Baroness den Rock runter und starrt auf den knappen Slip, der noch immer beiseitegeschoben ist und die Rosette gut sichtbar freigibt.

»Schlagen Sie die Baroness erneut!«

Es klatscht laut. Ein unterdrückter Ton dringt aus den fest zusammengepressten Lippen von Jasmin, die gleichzeitig die Luft anhält. Die Hand des Butlers bleibt auf ihrem Hintern liegen. Der Baron blickt in die Augen seiner Frau und registriert darin jede Regung.

»Noch mal!«, befiehlt er.

Martins Hand klatscht erneut auf den Hintern. Fester und lauter erschallt es im Arbeitszimmer. Die Baroness zuckt zusammen und öffnet ihren Mund. Ein dumpfes Seufzen entgleitet ihr.

Der Baron lächelt zufrieden. »Noch mal!«

Erneut klatscht es. Danach reibt die Hand sanft über den

Arsch, der sich nun rot färbt. Die Baroness stöhnt. Ihr Blick wirkt erregt. Auch sie mustert ihren Mann. In seinen Augen entdeckt sie ein lüsternes Flackern, das sie so lange nicht mehr gesehen hat.

»Und, Martin, hat es Ihnen vorhin gefallen, meiner Frau die Fotze zu fingern?«

Diese ordinäre Ausdrucksweise ist Jasmin von ihrem Mann nicht gewohnt.

»Wie meinen, Herr Baron?«, versucht sich der Butler diplomatisch aus der Situation zu retten.

»Na, hatten Sie einen Ständer?«, kommt er sofort auf den Punkt und setzt noch einen drauf: »Und da brauchen Sie nicht noch mal nachzufragen.« Ernst blickt er den Butler an, der seinen Blick in die Ferne schweifen lässt.

»Ja, Herr Baron«, antwortet er gewissenhaft.

»Und, haben Sie noch immer einen Ständer?«

»Ja, Herr Baron«, kommt es etwas zögernd.

»Ich möchte, dass Sie Ihren Schwanz in die Fotze meiner Frau stecken. Rammen Sie ihn ihr rein und verweilen Sie darin!« Seine Stimme ist ruhig und überlegt. Nur sein tiefes Atmen zeigt seine Erregung.

Jasmin zuckt zusammen. Noch immer hält ihr Mann sie auf dem Tisch fest. Hinter sich hört sie zunächst nichts. Aber nach wenigen Sekunden des Zögerns vernimmt sie den Reißverschluss und das Rascheln von Stoff. Der Butler positioniert sich hinter der Baroness, platziert seinen Schwanz und rammt ihn hart und fest in die noch immer feuchte Grotte hinein. Seine Hände halten dabei ihr Becken fest umklammert.

Jasmin stöhnt lüstern auf und ihre Augen verdrehen sich. Der Baron blickt sie zufrieden an und beginnt zu lächeln.

»Wie fühlt es sich an?«, fragt er heiser.

Jasmin atmet schwer und hat Mühe, sich zu konzentrieren.

Erst, nachdem ihr Mann die Frage wiederholt hat, antwortet sie schwer atmend: »Er … er ist groß, hart, dick und füllt mich unglaublich aus.«

Ihr Becken beginnt, sich langsam zu bewegen, denn ein unbewegter Schwanz in ihr macht sie gierig und ungeduldig. Sie will mehr spüren.

»Warum bewegst du dich?«, fragt er leise und fixiert sie mit seinem Blick. Seine Hände pressen ihre Unterarme noch fester auf die Tischplatte.

Jasmins Lippen liegen angespannt aufeinander und sie antwortet nicht. In ihren Augen flackert die Lust auf und das Becken beginnt, langsam zu kreisen.

»Gefällt es dir?«

Auch auf diese Frage geht sie nicht ein. Tief zieht sie die Luft durch die Nase in die Lungen und lässt ihr Becken noch ausschweifender kreisen.

»Fickst du jetzt etwa unseren Butler?«, zischt er leise.

Dabei grinst er hämisch, was Jasmin irgendwie noch geiler macht und ihr Becken auf und ab bewegen lässt. Ganz langsam, aber unglaublich intensiv spürt sie den Schwanz, der sich nicht bewegt.

»Ja, du fickst unseren Butler!«, ruft ihr Mann siegessicher und strahlt regelrecht dabei.

Jasmin hebt ihr Becken, soweit es geht, atmet tief die Luft ein und spürt, wie Lust und Geilheit in ihr zu einem Tornado werden.

»Jaaaaaaa!«, brüllt sie plötzlich heraus und rammt ihren Unterleib hart und schnell nach unten.

Sein Schwanz dringt bis zum Anschlag in sie ein und löst einen Orkan in ihr aus. Zitternd und stöhnend liegt sie auf der Tischplatte. Ihr Körper zuckt unkontrolliert. Ruckartig stößt sie die Luft dabei aus.

Der Baron lacht, lässt ihre Unterarme los und steht vor ihr auf.

»Los, Martin, ficken Sie meine Frau jetzt richtig durch!« Seine Stimme klingt vulgär, obszön und hocherregt.

Der Butler lässt es sich nicht zweimal sagen. Das Ganze war schon schwer genug für ihn und kostete unglaubliche Selbstbeherrschung, sich nicht zu rühren. Aber nun holt er aus und vögelt die Baroness mit schnellen, harten Stößen. Diese stöhnt dabei jedes Mal laut auf.

»Ja! Ficken Sie meine Frau! Fester! Fester!«, brüllt der Baron belustigt und hocherregt, der nun seine Hose öffnet und selbst einen Ständer herauszieht.

Jasmin starrt ungläubig darauf, versteht es nicht, findet aber keine Zeit und Ruhe, sich darüber Gedanken zu machen, denn der Butler vögelt sie nun noch fester und härter.

»Gefällt es dir, Jasmin? Gefällt es dir, von unserem Butler gefickt zu werden?«, ruft er und wichst seinen Schwanz.

»Ja! Ja!«, schreit seine Ehefrau wie von Sinnen.

Ihr Körper verkrampft sich wieder und nur wenige Sekunden später geht ein weiterer Ruck durch sie hindurch. Sie stöhnt und kreischt, während laut klatschend der Unterleib des Butlers gegen ihren Arsch stößt.

»Ja! Du bist gekommen! Ja! Ja!«, ruft Wolfram jubelnd, stockt und spritzt ebenfalls ab. Sein Sperma landet auf dem Schreibtisch und bildet dort kleine Seen.

Jasmin starrt ihn ungläubig an, reißt jedoch sogleich den Mund und die Augen weit auf, denn hinter ihr stöhnt ihr Butler mit verzerrtem Gesicht, während er in ihr abspritzt.

Erschöpft stehen die Männer für wenige Sekunden da, bis sich der Butler langsam aus der Baroness zurückzieht und verlegen seine Hose schließt. Er räuspert sich, während auch der Baron sein Glied wieder verpackt.

»Benötigen Sie noch etwas, Herr Baron?«

»Nein, Sie können gehen. Vielen Dank, Martin!« Er winkt ihn mit der Hand weg.

Jasmin liegt noch immer mit hochgezogenem Rock und beiseitegeschobenem Slip über dem Tisch, als der Butler den Raum schon verlassen hat. Fragend blickt sie ihn an. Wolfram setzt sich wieder auf den Stuhl und lächelt milde.

»Tja, meine Liebe, ich wusste nicht, wie ich es dir sagen sollte. Schon seit Langem treiben mich erotische Träume umher. Nachts wache ich mit einem Ständer auf und hole mir dann einen runter. Dabei träume ich immer davon, dass du Sex mit anderen Männern hast. Dass sie dich verführen, aber auch, dass du sie verführst. Und immer lässt du dich von ihnen ficken. Das erregt mich unglaublich und von daher …«

»Ja? Was?«, fragt sie.

»… wollte ich es ausprobieren. Ich wollte, dass du dich von einem anderen Mann nehmen lässt und ich zusehe.«

Sein Blick zeigt eine gewisse Unsicherheit. Er ist weit gegangen. War es zu weit?

Langsam erhebt sich Jasmin und geht mit ernstem Blick um den Tisch herum. Noch immer ist der Rock weit nach oben gezogen, und Wolfram kann den beiseitegeschobenen Slip erkennen und die feuchte Möse, die ihn anzulächeln scheint. Jasmin dreht seinen Stuhl zu sich und setzt sich breitbeinig auf seinen Schoß.

»Dich macht es also geil, wenn ich von einem anderen Mann angemacht werde?«

Ihre Hand gleitet zu seinem Schritt und streichelt sanft darüber. Wolfram starrt seine Frau mit großen Augen an und nickt kurz.

»Und auch, wenn er mich berührt?« Ihre Stimme wird nun lasziv und sie beginnt zu lächeln.

Wolfram nickt stärker.

»Und mich fickt?« Ihre Hand öffnet seine Hose und ergreift seinen Ständer, der sich in den letzten Sekunden neu gebildet hat.

Wolfram nickt heftiger. Seine Augen glühen, während ihre Hand seinen Ständer zu reiben beginnt.

»Du willst zusehen, wie ein fremder Schwanz …«, sie rutscht etwas nach vorn und drückt sein Glied gegen ihre Schamlippen, »… in mich eindringt?«

In diesem Augenblick senkt sich ihr Körper, sein Ständer drückt ihre Schamlippen auseinander und gleitet ungehindert in sie hinein. Beide atmen tief durch und lächeln.

»Ja«, haucht er leise und sein Körper beginnt zu beben, während sie sich langsam vor- und zurückschiebt.

»Na gut. Aber nur unter einer Bedingung«, sagt sie und knöpft gleichzeitig ihre Bluse auf. »Ich wähle die Männer aus, denen …«, ihre Bluse ist offen und sie schiebt ihren BH über ihre Brüste, »… ich meine Titten zeige und ich mich hingebe.«

Sie presst seinen Kopf zwischen ihre Brüste.

»Ja«, kommt gedämpft dazwischen heraus.

Seine Hände liegen nun auf ihren Hüften, die sich immer schneller nach vorn rammen. Beide atmen schwer.

»Dabei ist es egal, ob es der Butler …«, sie hämmert härter ihren Unterleib nach vorn, »… der Gärtner oder …«, beide stöhnen, bewegen sich im Einklang »… einer deiner Gäste ist!«

»Jaaa!«, ruft Wolfram gedämpft und lüstern.

Jasmin verdreht die Augen und lehnt sich etwas zurück. Dadurch gibt sie seinen Kopf frei und sie blicken sich an.

»Im Anschluss fickst du dann mich, das ist meine einzige Bedingung«, presst sie hervor.

»Oh ja! Oh ja!« In seinen Augen bilden sich Freudentränen.

»Oh mein Gott, ist das geil!«, ruft Jasmin.

Sie verkrampft sich. Auch Wolframs Körper bebt stärker und zuckt hin und wieder. Sein Schwanz pulsiert in ihrer Muschi.

»Ich habe von solchen Männern gelesen«, flüstert sie angestrengt und packt seinen Kopf mit den Händen. »Für die gibt es eine Bezeichnung«, zischt sie mühsam und presst seinen Kopf fest an ihre Brüste.

Ihre Bewegungen werden ruckartiger, kurz und hart, mit immer längeren Pausen dazwischen.

»Kennst du diese?« Ihre Stimme überschlägt sich fast, und Wolfram bekommt kaum Luft zum Sprechen.

»Ja«, erklingt es erregt und spitz.

In diesem Augenblick spritzt er in ihr ab. Ruckartig bewegt sich sein Becken, und Jasmin spürt das Pumpen des Schwanzes in ihrer Muschi. Ihr Brand wird zu einer Feuersbrunst, die sie explodieren lässt. Sie zuckt heftig auf ihm, verzerrt das Gesicht wie unter Schmerzen und schreit nur noch ein Wort heraus: »CUCKOLD!«

Nicht verpassen: kostenlos per Post ...

»Vom Ex verführt«

Die erotische Zusatzgeschichte

Schneide Dir die Postkarte aus
und schicke sie ausgefüllt zurück!

Exklusiv & kostenlos für unsere Buchkäufer:

»Vom Ex verführt«

Die erotische Kurzgeschichte & iPad-Gewinnspiel!

Kostenlos per Post:

Vom Ex verführt
Miu Degen
Erotische
Kurzgeschichte
12 Seiten
Die Internet-Story
zu dem Buch:
»Wollüstige Cuckold-
Storys«

GRATIS

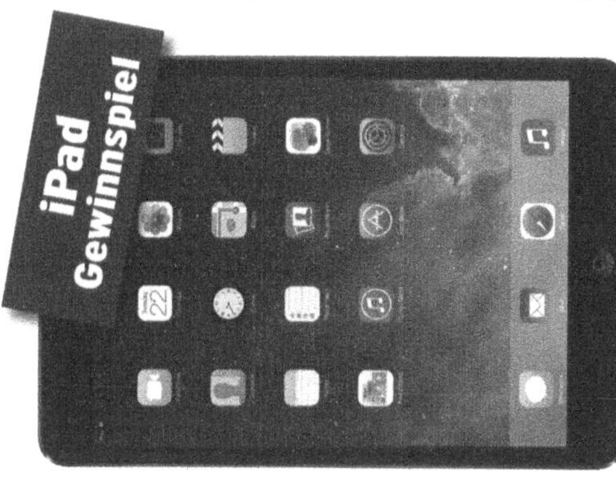

Die Verlosung erfolgt jeden ersten Freitag im Quartal (Datum des Poststempels). Gewinner werden schriftlich benachrichtigt.
Mitarbeiter von blue panther books und deren Angehörige dürfen nicht teilnehmen! Der Rechtsweg ist ausgeschlossen!

Nicht verpassen: kostenlos per Post ...

»Vom Ex verführt«

Die erotische Zusatzgeschichte

Schneide Dir die Postkarte aus
und schicke sie ausgefüllt zurück!

❑ Ja, ich möchte am iPad-Gewinnspiel teilnehmen.

❑ Bitte schicken Sie mir die kostenlose Internet-Story
»Vom Ex verführt«
ausgedruckt per Post an meine folgende Adresse.

❑ BUCH-ABO / E-BOOK-ABO: Sie erhalten jedes neue Buch versandkostenfrei direkt und unverbindlich zugeschickt und zahlen bequem per Lastschrift oder Rechnung.
Bei Nichtgefallen können Sie es einfach zurückschicken!
Dies ist kein Club, kein Kaufzwang!

❑ Herr ❑ Frau

Name, Vorname

Straße, Hausnummer

PLZ, Ort

Land

Geburtsdatum

E-Mail (für aktuelle Informationen)

Wie haben Sie von diesem Buch erfahren?

Wo haben Sie dieses Buch gekauft?

Infos zur Datenverarbeitung unter: blue-panther-books.de/de/datenschutz.html

Miu Degen - Wollüstige Cuckold - Storys | 2. Auflage | MD23 | 2837

Bitte freimachen falls Marke zur Hand

Antwort

blue panther books
Osterfeldstr. 12-14 | Haus 1 | Nord
22529 Hamburg
Deutschland / Germany